普通教师怎样做科研

曾东方——著

手把手教授个人科研秘诀

心贴心帮助普通语文教师专业成长

怎样写课堂实录

怎样写教学设计、导学案

怎样写“下水作文”

怎样写课评

怎样开展线上教学

……

南方日报出版社
NANFANG DAILY PRESS
中国·广州

图书在版编目(CIP)数据

普通教师怎样做科研 / 管东方著. —广州 ：南方日报出版社，2022. 4

ISBN 978 – 7 – 5491 – 2525 – 8

Ⅰ. ①普… Ⅱ. ①管… Ⅲ. ①语文课 – 教学研究 – 中小学 Ⅳ. ①G633. 302

中国版本图书馆 CIP 数据核字(2022)第 051795 号

PUTONG JIAOSHI ZENYANG ZUO KEYAN

普通教师怎样做科研

著　　者：管东方
出 版 人：周山丹
责任编辑：方　明　刘昌华
责任校对：裴晓倩
责任技编：王　兰
封面设计：南风视觉
出版发行：南方日报出版社
地　　址：广州市广州大道中 289 号
电　　话：（020） 87363865
经　　销：全国新华书店
印　　刷：广州市尚铭印刷股份有限公司
开　　本：787 mm × 1092 mm　1/16
印　　张：15
字　　数：305 千字
版　　次：2022 年 4 月第 1 版
印　　次：2022 年 4 月第 1 次印刷
定　　价：49. 00 元

投稿热线：（020） 87360640　　读者热线：（020） 87363865
发现印装质量问题，影响阅读，请与承印厂联系调换。

序一　但愿每个老师都像东方一样“有话说”

王　君

东方老师要出书了，嘱我作序。

我很开心。青春语文名师工作室里的任何一位老师出书，都是我的节日。

我们遇到了最好的时代。在这个时代做语文老师，我们不仅获得了的前所未有的尊重，更获得了言说的自由权力——没有任何一个时代，普通教师的自由发声能像现在这样被认可、被赞美、被重视，甚至被鼓励结集出版。

一个普通教师都能自由出版专著的时代，是我们应该为之自豪、万千珍惜的时代。

所以，我捧读东方老师的书，首先充溢在心中的，是对我们的祖国、对我们的时代的感恩。多么幸运，我们是这样伟大的时代的语文老师。

我们要配得上我们的时代。东方老师，就是这样的一位老师。

捧读东方老师的书，最让我感动的，是书中反复出现的板块：

东方有话说！

好个“有话说”啊！我细细品析着这三个字，起码包含三层意思：

一是“有”。

我有三十年教龄了。我走南闯北，在各种各样的学校都任教过。我知道，敢说自己“有”的老师，其实是很有限的。我们的职业让我们每天都在说话，让我们每天都必须思考，好像我们天然就应该“有”。但事实上不是这样，更多的情况是，教着教着，没有话了，没有思考了。一晃几十年过去，除了应付检查的一摞教案和听课笔记，我们很多老师一无所有。

东方老师的“有”，来自她的超脱。超脱什么呢？她必须超脱琐碎的教育教学日常，不被繁重的工作捆绑，不被一地鸡毛的日子绑架。在惯性工作的田垄之外，她必须得有自己的一个小小的精神花园。在这个花园里，她变成一个思想者、一个记录者。这样的时光多了，她才可能“有”。

二是“话”。

翻开这本书，你会读到东方老师的“话”，不是一个小女人被柴米油盐所困的絮絮叨叨，而是一个大女子书写自己职业史诗的开朗明亮。她的教学设计，她的课堂实录，她的评课议课，她的下水作文……在这里，你会感叹：哦，原来，语文教师的职业不仅仅是上讲台上课那么简单。一堂好课的背后，是一位老师全方位的修炼。她对自己的那一份小小的工作很当事儿，她天天都在琢磨，天天都在研究。一篇普通的课文，被她翻来覆去地剖析；一个小小的教学案例，她更是当成历史大事件，在质疑，在追问，在重构，在创新；她跟学生一起写一篇作文，她不是玩玩而已，她是在通过这些亲手的文字，去尝试探索学生的心灵世界和学习规律……

原来，一个好老师的“话语系统”，就是把她生命中的一切，都囊括进她的教育教学研究之中。她的教法，就是她的活法。她的“话”越多、越丰富，就越能证明着她活着，而且活出了自己。

三是“说”。

你敢“说”吗？你敢于亮出自己吗？你敢于视自己的“话”为珍宝吗？你有底气吗？你够勇敢吗？

在这一点上，我更要为东方老师叫好！

我们青春语文名师工作室在“语文湿地”教师成长学院中，有一个全网公益活动叫“我把我讲给你听”，第一期主题是讲自己的专业成长故事，第二期是讲自己的教育教学主张。在向大家推介这个活动的时候，我这样写道：

每一个个体，都应该有专属自己的品牌。每一个品牌的打造过程，既有惊心动魄的突围，也有细水长流的坚持。讲出自己的成长故事，总结自我精进的智慧，帮助他人，获得永不放弃的元气加持。这既是“见自我”的自我磨砺，更是“见天地见众生”的真情奉献。

是的，这就是我的教师成长价值观：

既然成为教师，那就一定要有理想成为好教师。成为好教师还不够，还要努力成为专家型的教师。

“专家”也不是那么可怕的一个词语。我带领着兄弟姐妹们建设青春语文名师工作室，对大家有一个要求：聚焦！

对，找到自己最有感觉的一个点，把自己的能量灌注到这一个点上，经时间的加持，便可能在某个小方面做出亮点来。而这一个小方面，又可能带动自己整体的成长，为专业的全面精进赋能。

东方敢说，是因为她确确实实积累了很多教学干货。我们相信，这些干货，是能惠及更多青年教师的。

东方敢说，是因为她既“真爱”又“珍爱”属于自己的那些奋斗岁月：真爱，是对自己全身心地投入的享受，是不悔；珍爱，是对这一段探索岁月的点数和铭刻，是对自己成长的深度认同。

这就是东方的“有话说”。

“有话说”的老师，是把过往的一节又一节语文课铸成了自己青春的纪念碑的；是用持续思考不仅垫高了自己当下的生命高度，且让自己面向未来的；是懂得经历了、拥有了，就要回馈社会的。敢于说、“有话说”的语文老师，是在语文教学中登堂入室的老师。

东方进入我们青春语文名师工作室还不久。印象中她有个网名很诗意，叫“宋词”。这个名字给了我很多的遐想，她的人，是不是也是轻灵的、浪漫的、唯美的……

后来认识之后，觉得“东方”与“宋词”，两个名字，真是相得益彰，共同诠释着一位语文老师的生命追求：

“东方”大气磅礴，“宋词”精巧轻盈。

“东方”温暖向阳，“宋词”温润清冷。

“东方”目标明确，“宋词”顾盼生辉。

“东方”是热血澎湃的青春少年，“宋词”是回眸一笑的妙龄女郎。

“东方”是豪放派的感觉，“宋词”是婉约派的感觉。

…………

阅读这本书，也会激发你对管东方老师的想象。

她是朴实的，也是妙曼的。

她是丰富的，也是简约的。

她是激情的，也是恬静的。

她是鲜艳的，也是素雅的。

…………

经由这本书，你会看到一个普通的语文教师，经由讲台，经由岁月，经由沉淀和反思，经由写作，成为一个独一无二的个体；你会看到，一个普通教师，在和这个伟大时代一起发声；你更会看到，一个普通教师，因为有了对自我专业的深度思考和忠诚记录，她正在变得不普通。

我期待，有更多的老师，经由这本书获得更多力量。愿我们都能挺起胸膛，对这个世界说：

我是一名语文老师！

我，

有话说！

谨以此为序。

贺东方老师新书出版。

2022年3月8日星期二于东莞松山湖畔

（王君：北京清华大学附属中学语文特级教师，广东清澜山学校首席语文教师。曾入选“百年中国语文人”、首届全国中语十大学术领军人物、全国教育改革先锋教师。“语文湿地”创建者，青春语文研究者，青春语文名师工作室主持人。出版专著22部，公开发表各类教育教学文章上千篇，被人大复印资料全文转载文章23篇。）

序二　写给我和你

管东方

桃花开了又谢了，燕子去了又来了，学生来了又走了。时光荏苒，弹指一挥间，我踏上讲台已有二十四个春夏秋冬。我依然坚守在这儿，守着我们的乐土，守着我们的精神家园，我依然热爱我的学生，依然热爱我的语文课。

在语文教学中，“会教”和“慧教”是两种不同的境界。让学生爱上语文是我的初衷，也是我终生的奋斗目标。我在探索怎样让学生喜欢我的课，喜欢语文，爱上语文。我在不断地学习和超越，在“慧教”中摸索前行，每一次前行其实就是在做教学科研。

在教学备课中，需要研究教材、了解学情、研究教法学法等，每个环节都包含科研的因素。解决每一个教学问题的过程，其实就是一个微型课题的研究和解决的过程。提出问题（目标或任务）即是课题；查阅资料就是文献研究；撰写教案、上课、布置作业和课外活动就是行动研究；教案（学案）就是课题实施方案。

这种为了解决教学实际问题的基础科研，专家们形象地称之为“草根式科研”。这些年，我一直在学习、写作、研究中。我的研究属于“草根式科研”。“草根式科研”，是我们普通教师的专业成长之路。我们可以从“草根式科研”开始，探索创新启航。探索打开语文教学成功之门，做一个优秀的语文教师。

那中小学教师怎样做“草根式科研”呢？在此谈谈我的教学科研经历及感悟：

一、要有执着的追求、不懈的努力、吃苦的精神。科研之路是苦中有乐、乐中有苦的。切记“吃得苦中苦，方为人上人”。

二、从哪里起步：可从教学中遇到的实际问题入手。

三、从哪里突破：聚焦主题进行研究。可从以下主题中聚焦自身特长进行研究：

1. 研究备课；

2. 研究上课；

3. 研究作业；

4. 研究教材；

5. 研究课标；

6. 研究学生；

7. 研究教师；

8. 研究教学设计；

9. 研究学习；

10. 研究教学；

11. 研究教育。

四、如何进阶：

1. 向名师学习，踩在前人的肩膀上前行。加入名师工作室是个不错的选择，“走万里路不如读万卷书，读万卷书不如高人指路”。

2. 多读各类好书，不辍地学习。

3. 笔耕不辍。

中小学教师的教研论文写作最好从以上11个主题中聚焦一个主题进行研究写作，也可全面开花，在各个主题研究中去写，每年写三万至五万字。

4. 形成自己的教学主张：

(1) 建构自己的教学观；

(2) 建构自己的教学模式；

(3) 建构自己的教学理论。

记得余映潮老师说过一句话：“教学主张，教师成长中的一道光。”愿我们都能成为那道光。

本书精选我“草根式科研”成长记录。书中有教学理念的呈现，有作文教学研究、课堂改革研究心得，有线上教学的研究成果，有课例、评课稿、工作室研修的心得体会，等等，可为中小学教师提供有益的参考借鉴，帮助教师专业化成长。

也许你我都是平庸的人，但我希望你我都是不停求索、不停追求专业成长的教师。

就如这句名言：“你总会遇到那束光，或早或晚！不完美又何妨，裂痕正是光照进来的地方。”

目录 CONTENTS

第一编 怎样写课堂实录

第二编 怎样写教学设计、导学案

第三编 怎样写“下水作文”

第四编 怎样写课评

第五编 怎样开展线上教学

第六编 怎样写教学论文

第七编 怎样开展中小学教育科研

第八编 怎样促成专业成长

第一编

怎样写课堂实录

东方有话说

要写好课堂实录，应做好以下三项工作：

1. 课前。先备好一节课，准备好课件和教学设计，准备好硬件：录音笔、录像机(或智能手机)。课件要求：简洁、精致、典雅，这要看个人的审美观。课前准备是课堂实录质量的关键。教学设计要用心，要创新，要实用——拿来就能用的那种。

2. 课中。教师的基本功展示：教师的课堂驾驭能力，教师提问、讲解、点拨的语言艺术……学生的互动和教学的生成，做好课堂观察。

3. 课后。课后先按照课前的设计，听录音笔将老师问和学生答套上，然后依据教学思路再进行整理，删繁就简，加上师生互动情况、课堂反应、气氛等。当然处理时是需要艺术和技术的，这个参照王君老师《整理课堂实录不仅是一个技术活儿，也是一个艺术活儿》一文，你会更加明确。

误区：课堂实录就是把一节课原封不动地记录下来。

他是个值得敬佩的诗人
——《望岳》课堂实录

【设计意图】 这是一节梅州市名师工作室联合研修的示范课，也是送教下乡课，旨在探讨如何上好诗歌课。对于山区七年级的孩子，赏析诗歌方面还是有点难度的，只能“小步轻迈”。在此基础上进行了延伸拓展，巧妙进行杜甫的群诗学习，让学生“跳一跳”。

【教学目标】

1. 理解并诵读诗歌；学习古诗诵读的基本方法。

2. 初步学习诗歌鉴赏的方法。

3. 感悟诗人对祖国山河的热爱和远大的抱负，并结合杜甫其他诗作，激发学生学习其伟大抱负。

【教学过程】

课前把学生分成10个学习小组，为营造气氛，放《春夜喜雨》歌曲视频。

一、 导入

师： 同学们，你们知道五华县最高的山是什么山吗？（生杂说。）有谁登过这座山？这座山留给你的印象是什么？（生杂说。）

生： 七目嶂，感觉其他山都矮了！

生： 能看到梅州七个县市，感觉很激动！

师： 今天我们走近一位熟悉的诗人，他在风华正茂之际登山，看看他登山的感受是怎样的。让我们来学习他的《望岳》，谁能把标题和作者写出来？

（学生板书诗名及作者。）

二、 吟读，懂诗韵

师： 同学们选择自己喜欢的方式读诗，可以吟诵，也可唱诵，看该注意哪些字音。

（学生自读，有摇头晃脑的，有小声朗读的，有大声学唱诵的。）

生：“岱”“夫”“了”，“决眦”的“眦”。

师： 谢谢，你们找得很准，一起来读。

（屏幕显示）

岱（dài）　　　　朗读指导：读准字音

夫（fú）　　　　读准节奏

了（liǎo）　　　　　　读出感情

曾（céng 层）

眦（zì）

（生齐读。）

师：这首诗的朗读节奏是怎样的，谁来说一下？

生：“二三”节奏或“二一二”节奏。

师：对，五言诗一般按这两种节奏。此诗是“二一二”节奏，按这种节奏齐读这首诗。

（屏幕显示）

望岳

杜甫

岱宗/夫/如何？齐鲁/青/未了。

造化/钟/神秀，阴阳/割/昏晓。

荡胸/生/曾云，决眦/入/归鸟。

会当/凌/绝顶，一览/众山/小。

师：应该怎样读出感情呢？

生：我觉得应该读得激昂！

师：对的，这首诗应该读得激越、高昂，你来示范下！

（屏幕显示）

感情激越、高昂

师：你读得很好，我不想放朗读录音了，你带着大家读一遍。（原预设放录音范读。）

（由此学生带领全班同学激情朗读。）

三、通读，明诗意

师：全诗围绕着哪个字而写？

生：“望”字。

（屏幕显示）

通读，明诗意

师：作者“望”见了什么？（用自己的话来回答，每个小组接力发言，发言内容不重复。）

（教师配乐，学生结合注释理解诗意准备发言，教师在黑板上画连绵山峰、白云等简笔画。）

生（第2小组代表）：看到了连绵的山峰。

生（第 3 小组代表）：看到了云雾缠绕。

生（第 5 小组代表）：看到了归林鸟。

生（第 4 小组代表）：看到了齐鲁大地。

生（第 7 小组代表）：看到了大山青翠。

生（第 8 小组代表）：看到了泰山的阴阳两面。

生（第 9 小组代表）：看到其他山都小了。

生（第 1 小组代表）：看到祖国的大好河山。

生（第 10 小组代表）：看到泰山的高大巍峨。

（各小组代表发言。）

师：请同学们根据描绘眼前展开泰山的鸟瞰图，想象泰山雄伟壮阔的胜景。

师：刚才小组代表说出了作者的所见，峰峦连绵、山色青翠、神奇秀丽、巍峨高大、云气升腾、薄暮鸟归。

（师总结，屏幕显示穿插泰山风景图。）

师：面对此景，诗人产生了什么想法（感受）？

（学生在沉思，似乎无所适从。）

师：就像上课前有同学说的登山感受一样，作者想怎样？

生：会当凌绝顶，一览众山小。

师：对啊。联想将来，攀登顶峰。你怎样理解诗歌的最后两句？这两句诗表达了诗人怎样的情感？

生：表现了诗人不怕困难，想要攀登顶峰俯视一切的雄心和气魄，以及兼济天下的豪情壮志。

师：那“荡胸生曾云，决眦入归鸟”可以看出诗人怎样的感情？

生：层云缭绕，鸟归山林。

生：看到晚上还不愿回。

生：看到眼睛裂了。

师：是什么原因让作者如此痴迷，看得眼睛欲裂、鸟都归巢呢？

生：喜爱。

师：我想起了这句歌词——“因为爱，所以爱”。（师唱，学生笑。）那体现了什么感情？

生：表现出作者对祖国山河的热爱！

师：那现在我们在理解的基础上来吟唱、铭记这首诗歌。

（屏幕显示）

《望岳》歌曲视频。

（学生跟唱。）

（学生意犹未尽，要求站起来再唱一遍。又唱了一遍。）

师：我们已经了解了诗人的所见所感，那诗人又是怎样写出自己的所见所感的？

四、品读，悟诗情

（屏幕显示）

合作讨论：诗人是怎样写出自己的所见所感的？（写法赏析）

提示赏析角度：炼字、修辞、描写手法等。

（学生讨论，老师巡视指导解惑。）

生（第7小组代表）：首句用了设问。

生（第1小组代表）：第二句用了拟人。

生（第2小组代表）：“生”和“入”用得好，生动、具体地写出了层云、归鸟。把景写活了。

生（第3小组代表）：“钟”字用得好，富于感情，“割”字用得好，写出了山的高！

生（第4小组代表）：第三句动静结合。

师：诗人描写的角度有没有变化？

生（第8小组代表）：有变化，首句远望，第二句近望。

生（第6小组代表）：首句烘托，用齐鲁来烘托泰山的高大连绵。

生（第5小组代表）：第三句细望、尾句俯看，是虚写。

师：你们很棒，赏析得很好！首句写泰山的高峻伟大，先写对它的仰慕，再写它横跨齐鲁两地的壮伟。中间两句写近望，所见泰山的神奇秀丽和能分割日夜的巍峨形象。颈联写遥望，见山中云气层出不穷，心胸为之荡涤。尾句写望岳而生登临峰顶之意愿。

师：再读一遍诗，注意重音，语调语速随诗人感受而起伏变化。

（生齐读。）

五、深读，解诗魂

师：诗人为什么会写出如此意气风发的诗篇？（知人论世）

（屏幕显示）

要求：阅读导学案链接材料——杜甫的生平介绍，将与这首诗对应的时代、诗人的经历勾画出来，然后概括原因。

（生沉思、动笔，师巡视点拨。）

生：诗人正年轻，是落榜青年，属读书漫游时期。

师：当时的社会背景是怎样的？

生：属盛唐时期，人们安居乐业。

师：那还有其他原因吗？大家看看对泰山的介绍，诗人是在什么情况下产生伟大抱负的呢？

生：望泰山，看见了泰山的雄伟、高大……

师：同学们，从知人论世和泰山的介绍中去分析。

（屏幕显示）

原因：诗人年轻气盛，朝气蓬勃，积极进取；

泰山的昂扬挺拔给了诗人无限奋发向上的力量；

当时处于盛唐时期，天下太平，百姓安康。

（生齐读。）

师：深入理解了诗人情感，谁来模仿诗人形象再次朗读？

生（齐说）：班长万祥。

（学生万祥到台上模仿朗读，生鼓掌。）

师：确实模仿得不错，古人读书抑扬顿挫、字正腔圆，你做到了！点赞。

六、 拓展，敬诗人

（屏幕显示）

拓展，敬诗人

诗人年轻时的这种雄心壮志有没有影响到他的一生呢？从他的哪些诗可以看出？（可回忆小学学过的诗。）

生：有，《春夜喜雨》《闻官军收河南河北》。

师：是啊，《春夜喜雨》可以看到作者的民本思想，以极大的喜悦之情，赞美了来得及时、滋润万物的春雨。

（屏幕显示）

春夜喜雨

好雨知时节，当春乃发生。
随风潜入夜，润物细无声。
野径云俱黑，江船火独明。
晓看红湿处，花重锦官城。

（生齐读。）

生：《闻官军收河南河北》抒发他的爱国之情，写出杜甫得知官军收复失地的消息后欣喜若狂的心情。

（屏幕显示）

闻官军收河南河北

剑外忽传收蓟北，初闻涕泪满衣裳。
却看妻子愁何在，漫卷诗书喜欲狂。
白日放歌须纵酒，青春作伴好还乡。
即从巴峡穿巫峡，便下襄阳向洛阳。

（生齐读。）

师：你能领略到热爱祖国，不错！从《闻官军收河南河北》可以了解到杜甫是一个热爱祖国而又饱经丧乱的诗人。此诗表达了诗人忧国忧民，渴望祖国统一，人民生活得到安定的热烈感情。

生：我读过杜甫的《旅夜书怀》，好像很凄凉。

（屏幕显示）

旅夜书怀

细草微风岸，危樯独夜舟。
星垂平野阔，月涌大江流。
名岂文章著，官应老病休。
飘飘何所似，天地一沙鸥。

（生齐读。）

师：诗人借助夜景写出了自己的孤独感，使人感受到他生命的激情正如他笔下奔涌的江流一样难平，也深刻写出了诗人的漂泊无依之感。

师：八年级会学到杜甫的《茅屋为秋风所破歌》，更能明白他的伟大抱负和忧国忧民的情怀。

（屏幕显示）

茅屋为秋风所破歌

八月秋高风怒号，卷我屋上三重茅。茅飞渡江洒江郊，高者挂罥长林梢，下者飘转沉塘坳。

南村群童欺我老无力，忍能对面为盗贼。公然抱茅入竹去，唇焦口燥呼不得，归来倚杖自叹息。

俄顷风定云墨色，秋天漠漠向昏黑。布衾多年冷似铁，娇儿恶卧踏里裂。床头屋漏无干处，雨脚如麻未断绝。自经丧乱少睡眠，长夜沾湿何由彻！

安得广厦千万间，大庇天下寒士俱欢颜。风雨不动安如山！呜呼，何时眼前突兀见此屋，吾庐独破受冻死亦足！

（生齐读，师强调结尾画线的几句诗，体会诗人的忧国忧民和阔大胸襟。）

（屏幕显示）

杜甫形象：杜甫无时无刻不忧国忧民，诗中有儒家思想，悲天悯人，忧国忧民，洋溢着仁民爱物的情怀和浓烈的爱国主义色彩。同时通过他写诗的风格也可以看出他是一个以民为本、时刻为国家着想但是自己壮志未酬的人！这样的一个诗人值得我们去敬佩！让我们记住他，学习他年少就有抱负有豪情，学习他不怕困难、俯视一切的雄心，祖国需要我们时能挺身而出。

师：同学们，都说五华人杰地灵，在座的长大会成为有作为的人。现在大家一起用这句式："心有多大，事业就有多大，我的抱负是……"喊出自己的抱负！

（学生不约而同要求站着喊，把这节课推向了高潮。）

七、 我的收获

师：同学们，通过这节课学习，你得到了什么？

生：学到了诗人对泰山的喜爱、赞美之情；学到了诗人不怕困难，欲登泰山以抒发兼济天下的志向。

（屏幕显示）

1. 通过这节课，我们懂得了诗歌的朗读方法，也懂得了诗歌可从炼字、修辞手法、描写手法等角度赏析

2.《望岳》抒发了诗人对泰山的喜爱、赞美之情；体现了诗人勇攀顶峰的决心和意欲俯视一切的气概；反映了诗人青年时考场失意，毫不介怀，登泰山以抒发兼济天下的志向

3. 这一志向影响着杜甫的一生，使杜甫成为人们仰慕的人

八、 我的作业我做主

1. 必做题：背诵并用楷书默写《望岳》；搜集、积累杜甫抒写忧国忧民情感的诗句。

2. 选做题：为《望岳》谱曲，或寻找合适的曲调，唱出诗歌所传达的积极向上的进取精神。

板书设计：

（老师板书少数几个字，画山峰的简笔画，让学生在黑板上写。）

所见

所感

教学感言

这次到五华的研修之旅，我该讲什么呢？教研员兼梅州市名师工作室主持人温佛君老师要求从七、八年级选诗词。我就选七年纪下学期的《望岳》。可选定了课，我却觉得脑子一片空白，对自己越来越没信心，感觉似越来越不会教。因为我不想随便上一节课，真有点“拔剑四顾心茫然”的感觉！

温佛君老师让我发教学设计给他看，我随便胡诌了一份设计给他审阅。他对设计初稿评价的关键词：合格，四平八稳。然后发给我个有关诗歌教学的链接。我知道这是在暗示这节课的设计没有侧重点，没有波澜。是啊，一节课只有45分钟，我们不可能在一节课里传授完所有的知识，我们能够让学生吃透、掌握一两个重要知识点就不错了，所以我们在课堂上不能事无巨细、面面俱到。这就要适当取舍和聚焦。当我们无从下手时请想到聚焦，把最重要的知识点浓缩出来；当一节课内容太多时请想到聚焦；当你千头万绪时、知识点错综复杂时，请想到聚焦……这次设计过程让我懂得了“聚焦”的真谛。

“文似看山不喜平”，其实一节课也不喜平。余映潮老师说“一节课要有波澜”。这波澜按我授课的理解就是要有情节冲突，教者对这节课要有感觉，然后才能设置这节课的开端、发展、高潮、结局。想让学生动起来，课堂活起来，自己先要动起来。有感觉的课堂才能有生命，才能享受课堂，才能在课堂上让学生和自己蹦跶起来！我心里暗暗提醒自己，必须静下心来，寻找到感觉，这样才能上好这节课。我想到了“裸读”“裸备”，即回归教材和课后练习，不借助其他辅助资料进行阅读和备课。我再一次细读课本，寻找感觉。佛君老师没有过多的话语，他发来了教师用书上的教学设计及课后练习分析。这真是及时雨，在看课后练习三和尾句的解释中我找到了触发点，牵起了整首诗的思路。我把尾句“会当凌绝顶，一览众山小”体现的诗人抱负作为这节课的高潮部分。

工作室小伙伴志华老师对我说：“你的这节课给学生的印象是深刻的，是影响学生终生的。”我对这句话是很有感触的，它体现了我在教学中贯穿立德树人的做法。我的这节课从《望岳》最后一句“会当凌绝顶，一览众山小”拓展到杜甫的其他诗，了解到杜甫的忧国忧民、兼济天下。让学生理解到杜甫的青年抱负影响了他的一生，使杜甫成为一个受人尊敬的诗人，进而告诉学生从小立志对自己前途的影响。最后让学生喊出自己的抱负，把这节课推向了高潮！这就是我的“树人”思想。

上边说到“聚焦”，难免有取舍，可怎奈“紧扣”二字了得。在备课、上课中始终要紧扣课程标准，始终要紧扣教材，紧扣生本。紧扣教材关键的做法就是研读完成好单元任务和课后练习。这节课的导入和串起整节课的线索都是扣住课后练习三进行的。紧扣诗歌特点进行“依文体定教”，诗歌重在读背，泡出画面，在这节设计中我设计了多种的朗读：吟诵中懂诗韵，通读中明诗意，品读中悟诗情，深读中解诗魂，模仿朗读中了解诗人形象……然后借图片和简笔画帮助学生画出画面。紧扣生本就是要以学生为主体，要有课堂生成，这一点我觉得在这节课的设计中是充分体现的，从教学的过程、任务的完成、课堂总结到作业布置都体现了这一点。

众里寻他千百度，蓦然回首，那人却在灯火阑珊处！这是对我这次的设计最好的概括！

人的努力很多时候是逼出来，要想进步就得对自己狠点。这次上课，我觉得累并快乐着，收获很多。我很少用希沃白板进行备课，以前常用的是PPT课件。现在我能按自己思路用希沃白板较娴熟地自制课件，也明白了诗词教学该怎样上更好。这次上课鞭策了我。我以后会像对待自己的人生一样认真看待每一堂课，找到乐趣，享受课堂。

现场声音

管老师的课堂组织严谨、大方，富有层次感。设计思路清晰，课堂上善于挖掘亮点，注重课堂生成。她紧扣诗歌的特点，以读诗、品诗、悟诗，层层推进，在读诗中加入吟唱，在品诗中紧扣修辞、炼字、描写手法等，在悟诗里知人论世，层层深入，引导学生走进诗境，理解诗意。她给我们呈现了一节精彩纷呈的课堂！

——梅州市温佛君名师工作室总评

管老师带来的七年级古诗词展示课《望岳》让我感受颇多。她在课堂上善于挖掘亮点的细节更是成就了这一节完美的课堂。老子云：“九层之台，起于累土；合抱之木，生于毫末；千里之行，始于足下。”一节完美的语文课必定是由课堂上的一个个细节开始的。细节决定成败！课堂上，管老师紧扣诗歌的文本特点，以“读诗—品诗—悟诗”构建课堂，思路清晰。在读诗这个环节，当她注意到了一个学生在读诗时能很好地把握节奏，读出情感时，她摒弃了原有的教学设计里听录音这个环节，而改用了让这个学生示范读、带读，甚至在讲台上模仿诗人的形象朗读。正是这一个细节，发挥了学生的主体作用，让学生充分参与学习过程，体会到成功的喜悦，还调动了其他学生的学习热情，营造了轻松愉快的课堂氛围；同时这种做法更是对学生的一种真真切切、实实在在的，最贴切、到位的评价，比起言语的评价，这样更有激励性。这就是我们最需要学习的，教师在课堂上的“绝活”啊！

——兴宁市永和中学幸雅苑老师

精心设计的课堂导入，能一下子激发学生的学习兴趣。教学语言亲切和蔼，注重引导学生思考，问题的设计能充分调动学生的情感体验，师生互动热情高涨，气氛融洽，启发式和讨论式教学恰到好处。对教学内容分析、处理恰当，层次分明，条理清晰，容量适度，能揭示知识的内在联系，重点突出，难点把握准确。课堂结构设计符合学生的实际，注重学生能力的培养。

——兴宁市华侨中学彭旭辉老师

管老师《望岳》的诗歌教学展示课，整个教学设计匠心独运，紧扣诗歌的特点，以读诗、品诗、悟诗，逐步推进；在读诗中加入吟诵、唱诵，在品诗中紧扣修辞、炼字、描写手法等，在悟诗里知人论世，层层深入，体现了管老师极为扎实的教学素养，以及准确把握新教材诗歌教学特点的语文功底。而课堂上出现一环节：她无意发现一名男同学有比较好的朗读功底后，果断放弃预设的录音朗读，临时决定让男同学示范和带读。这种在课堂上善于及时挖掘亮点，因势利导，注重课堂生成的教学智慧，让我感受颇深，受益匪浅。

——兴宁市永和中学潘志华老师

管老师在《望岳》一课中，先带领学生朗诵感知，分析作者杜甫登高的所见所感，接着通过吟诵、唱诵的方式使学生铭记诗歌内容，教学生赏析诗歌的写作手法，最后知人论世，联系所学杜甫诗作概括诗人的形象特点。

——梅州市江誉忠名师工作室总评

把课堂还给了学生，让人听得很激动。不但嗨起了学生，连听课的老师也嗨起来了。赏析简洁高效，学生发言豁得住，豁得太好了。

——梅州市大埔县虎山中学赖丽萍老师

管老师和蔼可亲，听她的课如沐春风。她的课堂处理很机智，正应了那句："发现金子就会让她闪闪发光。"

——梅州市五华县华强学校邹丹萍老师

几年不见，没想到管老师风采依旧，课堂还是那么充满活力与张力，令人震撼。她借助《望岳》串联杜甫的其他诗，不经意间展示了群诗教学，给我们带来一堂极为享受的课。

——梅州市大埔县田家炳第一中学曾萍老师

管老师精心准备，教学环节完整清晰，教学活动形式多样。教学过程中紧扣课标要求，坚持"立德树人"，聚焦"核心素养"，突出"关键能力"，借助信息化手段辅助教学，利用小组合作激发学生学习热情，不仅给学生带去了知识，也使听课老师受益良多。

——梅州市魏一鹏名师工作室总评

上好课是要天赋的，是要灵性和悟性的，不是每一个人都能达到这样的，管老师有这个天赋！

——兴宁市永和中学罗海环老师

最大的亮点是采用"1 + X"形式，课堂容量大，才艺展示与文本融合。

——梅州市五华县刘小华老师

“读”领风骚

——《出师表》课堂实录

【设计意图】《出师表》是千古名文，这样的文章适合反复涵泳。在反复朗读中，理解文章内容，掌握相关文言词语，翻译并背诵课文。本课设计多种方式朗读、写批注等环节来整体感知文章，理清文章脉络。开展了四个实践活动：

1．仿读，初见“表”，理解“表”重在陈情。

2．析读，相识“表”，掌握文言词语，疏通文意。

3．品读，走进“表”，重在理解文章的内容和大致结构，领会诸葛亮的忠贞和苦心，明白“表”既可陈情又可叙事的特点。

4．听读，感悟“表”，进一步明白“表”重在陈情，再一次体会诸葛亮“报先帝，忠陛下”的感人之处、可敬之处。

【教学过程】

一、导入

（屏幕显示）

出师一表真名世，千载谁堪伯仲间。

出师未捷身先死，常使英雄泪满襟！

师：这是两句歌颂诸葛亮的名诗！作者一位是陆游，另一位是诗圣杜甫。现在请同学们根据学过的这两位大作家的诗的风格来判别到底哪句是谁的。

生：第一句是陆游，第二句是杜甫。

师：你解释一下理由。

生：直觉。

师：我们不要凭直觉。我们来简要复习下这两位作家的作品风格。杜甫是现实主义诗人。他后半生相当悲惨，几近国破家亡，作为一名敏感而多情的爱国诗人，他总是非常悲伤，总是想哭啊！《春望》中“感时花溅泪”，《石壕吏》中“如闻泣幽咽”，他都在哭啊，流泪啊，泣啊，是不是？所以啊，后面一句是他老人家的啊！那陆游呢，此人文武双全，慷慨豪迈！既然如此，前一句非他莫属啊！“千载谁堪伯仲间”多豪放啊！

这两位著名的诗人都不约而同提到《出师表》，可见此表知名度实在是让人望尘莫及！再加上此表是被传得神乎其神的诸葛亮先生所作，那更是备受推崇！（学生笑。）

师：我们一同走进今天的课文——《出师表》。

（师板书课题和标题。）

师：请大家齐读标题。

（生齐读。）

师：我们主要采取读的方式来学习领略此表，请大家一起朗读课题"'读'领风骚"。

（生齐读。）

师：对于诸葛亮，大家知道的事迹很多。谁来介绍一下？

生：诸葛亮，字孔明，号卧龙，琅邪阳都（今山东沂南南）人，三国时期蜀汉丞相，杰出的政治家、军事家。在世时被封为武乡侯，死后追谥忠武侯。代表作有《出师表》《诫子书》等。诸葛亮一生"鞠躬尽瘁，死而后已"，是中国传统文化中忠臣与智者的代表人物。著有《诸葛亮集》。

师：根据题目，你能说说诸葛亮是在什么情况下写了这篇奏章的吗？

生：是在出兵打仗前。

生：公元227年，诸葛亮准备出师伐魏夺取中原，出行前给后主刘禅写了这篇奏章。

师：不错，"出师"即出兵打仗之意。看来出兵打仗前要充分做好准备工作。

师：关于本文的写作背景，看屏幕上的补充介绍。

（屏幕显示）

诸葛亮这篇表文写于蜀汉建兴（后主刘禅年号）五年（227）第一次出师伐魏之前。当时蜀汉已从猇（xiāo）亭（现在湖北宜都）战役的惨败中恢复过来，既与吴国通好，又平定了南方的叛乱，所以诸葛亮决定北上伐魏。刘禅昏弱，诸葛亮在劳师远征之际深怀内顾之忧。因此，诸葛亮临行前上此表文，给刘禅以告诫和劝勉，希望刘禅任用贤臣，采纳忠言，赏罚分明，以使国内政治修明，有一个稳定的战略后方，以实现先帝的"北定中原""兴复汉室"的宏大理想。

（学生读。）

师：哦？注意这个名字应该念作刘禅（shàn）。

师：请同学们读预习提示关于"表"的介绍。

（学生读。）

师：这是一个表文，表是古代向帝王陈情言事的章奏，言辞往往恭敬、恳切。本文是诸葛亮呈给后主刘禅的表。请你模仿诸葛亮的语气，读准字音，读出恰当的语气。面对这样长的一篇文言文，大家做的准备工作又如何呢？

（生纷纷点头，信心十足。）

二、仿读，初见“表”

（屏幕显示）

1. 模仿语气自读课文，读准字音，正确断句。

2. 大声诵读，同桌相互听读，注意断句和节拍，并标注有疑问的读音。

（师巡视正音。）

师：同学们，我发现你们模仿得像模像样的，佳佳读得不错，请你带领全班同学一起读一遍，好吗？

（佳佳很自信地领读，全班跟读。）

师：同学们，对于文中一些生僻的、易读错的字词，我们可看助读材料上的字音再读读写写。

（纸质助读材料）

崩殂（cú）　疲弊（bì）　行阵（háng）　妄自菲薄（fěi）

陟罚臧否（zhì zāng pǐ）　攘除（rǎng）　躬耕（gōng）　倾颓（tuí）

裨补阙漏（bì quē）　性行淑均（xíng）　职分（fèn）　斟酌（zhēn zhuó）

咨诹（zī zōu）　以遗陛下（wèi）　猥自枉屈（wěi）　驽钝（nú）

长史（zhǎng）　遗诏（zhào）　夙夜忧叹（sù）　以彰其咎（zhāng jiù）

（学生读、写。）

师：我们读时只有把握节奏、停顿、重弱音，才能读出感情。我们看着下面经典朗读的停顿来读。

（屏幕显示）

1. 先帝/创业/未半/而中道/崩殂，今/天下三分，益州/疲敝，此诚/危急存亡之秋也。然/侍卫之臣不懈于内，忠志之士忘身于外者，盖/追先帝之殊遇，欲报之于陛下也。诚宜/开张圣听，以光/先帝遗德，恢弘/志士之气，不宜/妄自菲薄，引喻失义，以塞/忠谏之路也。

2. 宫中/府中，俱为一体，陟罚臧否，不宜异同。若有/作奸犯科/及为忠善者，宜付/有司/论其刑赏，以昭/陛下平明之理，不宜偏私，使/内外异法也。

3. 侍中、侍郎/郭攸之、费祎、董允等，此皆/良实，志虑/忠纯，是以/先帝简拔/以遗陛下。愚以为/宫中之事，事无大小，悉以咨之，然后施行，必能/裨补阙漏，有所广益。

4. 将军向宠，性行/淑均，晓畅/军事，试用于昔日，先帝称之曰/能，是以/众议/

举宠为督。愚以为/营中之事，悉以咨之，必能使/行阵和睦，优劣得所。

5. 亲/贤臣，远/小人，此/先汉/所以兴隆也；亲小人，远贤臣，此/后汉/所以倾颓也。先帝在时，每与臣/论此事，未尝/不叹息痛恨/于桓、灵也。侍中、尚书、长史、参军，此悉/贞良死节之臣，愿/陛下/亲之信之，则/汉室之隆，可/计日而待也。

（学生读，师跟着读并指导重音。）

师：我们以前，学过翻译的五字诀，大家说下！

生：留、译、增、减、调。

师：好的，请大家结合课下注释和助读资料互读互讲课文的内容。让我们在译读中相识“表”。不要“表”认识你，你不认识“表”哦！（学生笑。）

三、析读，相识“表”

（屏幕显示）

1. 留、译、增、减、调

2. 请大家结合课文注释和助读资料互读互讲表的内容

（助读资料）

先帝创立统一大业还没有完成一半，就中途去世了。如今天下分为三国，我益州地区人力疲惫，民生凋敝，这真是处在万分危急、存亡难料的时刻。但是，宫廷里侍奉守卫的臣子，不敢稍有懈怠；疆场上忠诚有志的将士，舍生忘死地作战。这都是追念先帝的特殊恩遇，想要报答给陛下的缘故。陛下确实应该广开言路，听取群臣意见，发扬光大先帝遗留下来的美德，振奋鼓舞志士们的勇气，绝不应该随便看轻自己，说出无道理的话，从而堵了忠臣进谏的道路啊。

皇宫中的进臣和丞相府中的官吏，都是一个整体，升赏惩罚、赞扬批评，不应该标准不同。如果有做坏事违反法纪的或尽忠心做善事的人，应该一律交给主管部门进行惩办或奖赏，以显示陛下在治理方面公允明察，切不应私心偏袒，使宫内和丞相府的奖罚标准不同。

先帝知道我做事谨慎，所以在临终前把国家大事托付给我。自从接受遗命以来，我日夜担忧叹息，只恐怕托付给我的任务不能完成，从而损害先帝的英明。所以我在五月率兵渡过泸水，深入荒芜之境。现在南方已经平定，兵员装备充足，应当奖励并率领全军，北伐平定中原地区。我希望竭尽平庸的才能，消灭奸邪势力，复兴汉朝王室，迁归旧日国都。这是我用来报答先帝并尽忠心于陛下您的职责本分。

至于（处理事务）斟酌情理，有所兴革，毫无保留地提出忠诚的建议，那就是郭攸之、费祎、董允等人的责任。

希望陛下责成我去讨伐奸贼并取得成效，如果没有完成，那就惩治我失职的罪过，用来告慰先帝在天之灵。如果没有发扬圣德的言论，就责备郭攸之、费祎、董允等人的怠慢，公布他们的罪责。陛下也应该自己思虑谋划，询问治国的好办法，明察并采纳正直的进言，远念先帝遗诏中的旨意。我受恩德、感激不已。如今正当离朝远征，流着泪写了这篇表文，激动得不知说了些什么。

3. 补充词语解释（略）

（学生读、译、互讲。）

师：同学们一起朗读一遍译文。

（学生读。）

师：同学们，你们在读课文中有什么感受呢？

生：太感人了！感觉到了诸葛亮的情真意切。

生：感觉到了诸葛亮对先帝的感激。

生：感觉到了诸葛亮在出兵前对后主很不放心！

师：我们能体会到本文的情词恳切，感人肺腑。

（板书）

情词恳切，感人肺腑

师：让我们在品读中走进课文。

四、 品读，走进“表”

师：刚有个同学说感到了诸葛亮在出兵前对后主很不放心！这是对的，现在你来说说为什么不放心呢。

（生抓耳挠腮，师、生笑。）

师：那后人是如何评价刘禅的呢？

生：称他为“扶不起的阿斗”。

师：一向胸有成竹、料事如神的诸葛亮在这次出兵之前最放心不下的就是后主刘禅。他千叮咛万嘱咐地向刘禅提出了哪些意见？请大家默读、给课文写批注。

（生默读，师巡视指导。）

生：他劝刘禅要开张圣听，不宜妄自菲薄。

生：要陟罚臧否，不宜异同。

生：还要向先汉学习，亲贤臣，远小人。

师：同学们说得很全面。哪位同学可以简单地小结一下呢？

生：说来说去，也就是三条意见：开张圣听，赏罚分明，亲贤臣，远小人。

师：这位同学比老师厉害，可以为师矣！他高度概括，一语中的！“亲贤臣，远小人”可用“亲贤远佞”这个词语来说。我们请他谈谈哪一条意见在他看来最为重要。

（生抓耳挠腮，师、生笑。）

师：先请这位“尊师”坐下来和学生一同讨论讨论，可以听听你学生的意见嘛！

（生小声议论，师见机指点。）

生：我觉得第一条意见最为重要，如果君王广开言路，他就听到更多更好的意见，就像《邹忌讽齐王纳谏》中说的“此所谓战胜于朝廷”，可见广开言路对国家的治理影响有多大。

生：我觉得第三条最重要，作者用的笔墨多。（生说完笑。）

生：我想了半天，还是觉得“亲贤远佞”最为重要。你看诸葛亮讲了宫中、军中的用人，然后借古鉴今，用先汉的兴隆和后汉的衰颓进行对比，就是要得出“亲贤臣，远小人”对于一个国家至关重要的观点。

师：不愧是老师！当然是第三条！如果你亲的是小人，你想广开言路，你想赏罚严明？你做梦，对不对？只有任用贤人，才有可能实现这前面的两个建议！所以大家记住了，亲贤远佞最重要！其实君主昏庸主要在于贪于私欲，蔽于视听，因而忠奸不辨。诸葛亮对后主宠信奸臣委婉指出，含蓄劝谏。所以老师认为，开张圣听是前提，严明赏罚是原则，亲贤远佞则是关键，是建议的核心内容。

（板书）

三条建议：广开言路、赏罚分明、亲贤远佞。

师：刚才也有同学谈到了诸葛亮的感激，你在哪些段落感受到的？

生：第六、七节可以看出。

师：哦？那你能说说这节都写了什么吗？

生：这两节诸葛亮主要在写自己的生平和经历。

师：很好，翔实地述说自己的生平经历。其中暗含着作者怎样的良苦用心呢？

生：诸葛亮是想告诉刘禅：我感激你父亲三顾茅庐叫我出山，我们是拜把子兄弟。我会忠于你父亲，也会忠于你的。（师、生笑。）

生：我觉得诸葛亮是想借追叙先帝的知遇之恩让刘禅知道创业的艰难，激励他立志完成先帝未竟的大业。

（生鼓掌。）

生：从作者“受任于败军之际，奉命于危难之间”以及第六段说尽自己与先帝患难与共的创业历程，就是想以创业艰难之情打动刘禅，珍惜现在所拥有的江山，努力完成先帝未完成的大业！

（生又一次鼓掌。）

师：“故临崩寄臣于大事也”这句是什么事？谁能给我介绍下？

生：指的是“白帝城托孤”一事，先主刘备病重，临终前他对诸葛亮说：“君才十倍曹丕，必能安国，终定大事。若嗣子可辅，辅之；如其不才，君可自取。”

师：面对扶不起的刘阿斗，诸葛亮会遵照先主刘备的遗言取而代之吗？

生：没有。从诗句“出师未捷身先死，常使英雄泪满襟”、成语“鞠躬尽瘁，死而后已”可知，这是诸葛亮一生的写照。

生：从历史、从文中的忠贞誓言可知。

师：真好！有对先帝知遇之恩的感激之情，有尽先主托孤之任的忠贞之情，有盼后主发愤图强的忧国之情，更有叹创业艰难的伤时之情。原来此表有这么多的事，这么复杂的情！

（生听到最后一句，笑。）

师：可见，“表”不仅言事，更重陈情。有人曾这样评价《出师表》所陈之情：

（屏幕显示）

读《出师表》不哭者不忠。

——南宋·安子顺

师：那我们再来听读感悟表中的情。

五、听读，感悟“表”

师：我们先看，作者哭了没？

生：哭了，最后一段写到“临表涕零，不知所言”。

师：那一起深情地朗读第八段。

（师跟读提示语调，师鼓掌。）

师：对，最后一段作者再一次向后主刘禅劝勉要咨诹善道、察纳雅言，情到深处，不禁泪流。这就是诸葛亮对刘氏父子的忠肝义胆，满腔深情念先帝，满腔挚爱谏后主！

师：同学们，我们再来听一段经典朗读视频，体会诸葛亮的拳拳赤子之心。

（屏幕显示）

经典朗读片段。

（学生听看。）

师：同学们，就让我们再一起好好读读这第六、七段，深入地体会诸葛亮作为一代忠臣的良苦用心吧！

（生自由读，师指导。）

师：哪位同学愿意站起来为我们深情地朗读第七段呢？

（一生读。）

（生鼓掌。）

师：这一段，诸葛亮最想要表达的是哪句话呢？其实整个表，甚至诸葛亮的整个人生都压在这一句上。

生：报先帝而忠陛下之职分也。

师：对啊。背负着先主刘备的殷殷期盼，面对着扶不起的刘阿斗，诸葛亮没有退缩。而是发扬了儒家明知不可为而为之的神圣精神，鞠躬尽瘁，死而后已！

（老师板书）

报先帝，忠陛下。

师：同学们，泱泱中华上下五千年，这样的表书不计其数。可是在从远古走来的路上，它们有的亡佚了，有的暗淡了，有的则被历史的长河卷走了，但是“出师一表真名世，千载谁堪伯仲间”啊！究竟是什么使得《出师表》流传千古，动人心扉？我想大家的心中自有答案。好，我们来完成以下作业。

六、 布置作业

（屏幕显示）

1. 必做题：①积累文章中的四字短语；

　　　　　②有感情地背诵课文全文。

2. 选做题：课外阅读《诸葛亮传》。

课堂感言

让学生学好文言文，我认为应把好四个关，即“读”“译”“品”“用”。但怎样读，如何译，如何引导品析和运用，需要提炼有效有趣的方法。

本课以“表”重在陈情的特点进行教学设计，通过模仿朗读、互相听读来初读课文，进行断句正音；用口译朗读和互读互讲发挥学生自主学习的能动性，让学生以小组为单位结合注释和工具书弄清文言词汇含义，翻译课文，疏通课文内容，从而析读全文。本课突破了传统“教师译，学生听”“盲目读，收效微”的弊端，对训练学生语感、积累词语有积极的作用。“鞠躬尽瘁，死而后已”，是教材学习的重点，也是指导学生学习品析的范例。接着设计“品读，走进‘表’”这一环节，重在帮助学生理解文章的内容和大致结构，领会诸葛亮的忠贞和苦心，明白“表”既可陈情又可叙事的特点。最后“听读，感悟‘表’”，让学生进一步明白“表”重在陈情，再一次体会诸葛亮“报先帝，忠陛下”的感人之处、可敬之处。

本课的成功之处在于四个实践活动安排得井然有序、灵动自然，既能串起整篇课文，又使学生读得有趣、品得有味。学生的发言比预想得要好，我也没想到学生能碰撞出这么多智慧的火花。开头导入不错，后边的听读又锦上添花。

这节课的不足之处是字词咀嚼的精微程度上还不够。在有限的教学时间内，既能够尽可能地多积累、品味字词，又能让学生对人物和主题有较为深入的理解，这才是文言教学的最佳效果。

现场声音

管老师语文功底深厚，教师语言丰富、优美、感染力强。既求新又求实，充分突出了文言文教学中的读，让学生在读中感知、读中悟情。教师充分体现了参与式教学的理念，运用了朗读法和自主合作探究的方法。分析课文层次清楚、循序渐进，使学生在教师的步步引导下深入理解了课文，把握了文章的主旨。“学文千法，朗读为本。”就学习文言文而言，朗读毫无疑问应该也必须成为解读文言文的最重要的一把钥匙。整个教学都是由读引领的，读得精彩、读得到位。模仿朗读中，初次走进课文，感知表文，理解表重在陈情；互读互讲中，学习表文，掌握文言词汇，疏通文意；品读中深入课文，重在理解文章的内容和大致结构，领会诸葛亮的忠贞和苦心，明白表文既可陈情又可叙事的特点。最后在听读中感悟课文，听读的视频视听效果好，能让学生很好地体会人物形象。至此，诸葛亮“鞠躬尽瘁，死而后已”的可敬形象跃然纸上。

本课课前备课准备充分，导课精彩，不知不觉中引学生渐入佳境，而又在以读代讲中让学生一步一步探究课文，满载而归。

——兴宁市华侨中学语文组总评

原来，开头可以这样美

——“写景式开头”课堂实录

【设计意图】这节课属于微写作，是针对初三学生第一次综合练习作文而开展的项目式学习。这次综合练习，发现学生开头写不好，甚至抄作文题前面的提示语，组材零乱，结构不好。所以我准备提前强化训练一些常用的、易用的开头技巧，之后是对结构、语言等进行强化训练。这节课强化训练写景式开头。

【课前准备】寻找课本中的写景式开头并思考其作用。

【教学过程】

一、调侃式导入

（屏幕显示）

东方老师说

江湖传言，中考作文的阅卷流程基本是这样的：看立意，跑题者立毙。没跑题的再看开头结尾，开头结尾好的胜了一大半。全程耗时30秒左右。由此可见，我们寒窗苦读数年，到了中考考场，一篇作文50分能拿多少，就靠这30秒了。而这30秒钟，开篇结尾是非常重要的。好的开头能决定文章给人的第一印象，就像是女人的妆容，可以让批卷老师一见钟情。好的结尾能让人意犹未尽，醍醐灌顶。“龙头凤尾”是好文章的必备要素。

所以这节课啊，东方老师将带领大家学习另一种常用的开头方法。让阅卷老师惊呼：原来，开头可以这样美，一定给高分。

（学生窃笑。）

（板书）

原来，开头可以这样美——写景式开头

（生齐读。）

二、温故而知新（回忆）

师：上次课要求大家在课本中寻找写景式开头并思考其作用，找到了吗？（检查复习情况）

生（齐答）：找到了！

生（杂说）：《大自然的语言》《故乡》《驿路梨花》……

师：能背出来吗？

生：苍黄的天底下，远近横着几个萧索的荒村，没有一些活气。我的心禁不住悲凉起来了。

（生背出《故乡》开头的一些句子。）

师：那谁再来背出《大自然的语言》《驿路梨花》相关开头？

（学生面面相觑，然后低下头。）

师：哈哈，这回背不出了！

（屏幕显示）

故乡（节选）

我冒了严寒，回到相隔二千余里，别了二十余年的故乡去。

时候既然是深冬，渐近故乡时，天气又阴晦了，冷风吹进船舱中，呜呜的响，从蓬隙向外一望，苍黄的天底下，远近横着几个萧索的荒村，没有一些活气。我的心禁不住悲凉起来了。

（生齐读。）

师：那这样开头有什么作用呢？

生：渲染气氛。

师：渲染出怎样的气氛？

生：凄凉的气氛。

（屏幕显示）

作用：渲染故乡沉寂荒凉气氛，交代背景。

（生齐读。）

师：除了这还有没有其他课文采用写景式开头的？

生：《大自然的语言》《驿路梨花》。

（屏幕显示）

大自然的语言（节选）

立春过后，大地渐渐从沉睡中苏醒过来。冰雪融化，草木萌发，各种花次第开放。再过两个月，燕子翩然归来。不久，布谷鸟也来了。于是转入炎热的夏季，这是植物孕育果实的时期。到了秋天，果实成熟，植物的叶子渐渐变黄，在秋风中簌簌地落下来。北雁南飞，活跃在田间草际的昆虫也都销声匿迹。到处呈现一片衰草连天的景象，准备迎接风雪载途的寒冬。在地球上温带和亚热带区域里，年年如是，周而复始。

（生齐读。）

师：它的作用谁来说下？

生：将大自然一年四季的物候景观写得生动形象，激发了阅读兴趣。

（屏幕显示）

作用：将大自然一年四季的物候景观写得生动形象，既引人入胜又使人联想，激发了读者的阅读兴趣。

（生齐读。）

（屏幕显示）

驿路梨花（节选）

山，好大的山啊！起伏的青色群山一座挨一座，延伸到远方，消失在迷茫的春色中。

作用：渲染了哀牢山中深远迷茫的气氛，为突出军民助人为乐的中心做铺垫。

（生齐读。）

三、 规律中找格式（讨论）

师：写景式开头应该怎样写？以前我们在学习时，都会总结出一种格式或者说公式，现在你能总结出写景式开头的格式吗？

请大家讨论：写景式开头应该怎样写？仿照引用式开头格式总结出写景式开头的格式。

生：用诗词等引入，然后点题。

师：哦，可爱的人！我问的是：总结出写景式开头的格式。

生：一段景物描写后点题。

那就应该是“景物描写＋过渡语＋点题句”。

师：对的，可以概括成这样的一种格式。

（屏幕显示）

景物描写开头又叫环境描写开头，通常是指通过对季节时令的变化或大地山川、日月星空、风云雨雪等自然景物的描写来引出主题。以此来渲染气氛，突出中心，抒发感情。

格式：景物描写＋过渡语＋点题句。

（生齐读。）

师：我们先来听一首熟悉的儿歌《上学歌》，找出歌词的景物描写、点题句。（小试牛刀）

（放歌时，学生笑。）

（屏幕显示）

太阳当空照

花儿对我笑

小鸟说早早早

你为什么背上小书包

我去上学校

天天不迟到

生：“太阳当空照/花儿对我笑/小鸟说早早”是写景，“我去上学校/天天不迟到”是点题。

师：“太阳当空照/花儿对我笑”这两句开头就是通过景物描写来渲染上学的喜悦心情。我想大家也许无比唾弃这首儿歌，为什么呢？因为这么美好的景物描写后面竟然跟着上学这么“痛苦”的事情。所以开篇的景物描写一定要和后面的叙事情感相符，不然就会引起反感。（师坏笑，学生笑。）

我们再来听你们熟悉的热曲《七号公园》，找出歌词的景物描写、点题句。

（学生摇晃着，听得入神。）

（屏幕显示）

七号公园

许嵩

（背景：某个月七号在一个公园里男主角和女主角分手了，男主角伤心地写下了这首曲。）

樱花飞舞的初春　半空中落英缤纷

蓝紫色桔梗　似将画面停顿

树林间遗失茂盛　风夹杂着寒冷

静静的石凳　挥散不去余温

傍晚时分　灯灭的悄然无声

傍晚时分　灯灭的悄然无声

无色的泪水　坠落的精准

砸破纯真　不留一丝分寸

当我发现　那伤口很深

生：“樱花飞舞的初春/半空中落英缤纷/蓝紫色桔梗/似将画面停顿/树林间遗失茂盛/风夹杂着寒冷”等是写景，“无色的泪水坠落的精准/砸破纯真/不留一丝分寸/当我发现/那伤口很深”是点题句。

四、明思路

师： 嗯，你准确找出来了。有些同学会说，我知道“写景 + 过渡语 + 点题句”格式，可是我还是不知道怎样写景。那我们再来看一节两分钟的微课视频，整理出写景式开头大体的思路。

（生看微课视频。）

生： 要写出时间和天气情况。

生： 选取一两个景点来写。最后要有点题句。

（屏幕显示）

写景式开头思路（步骤）：

1. 写时间（春夏秋冬、午后晨昏）
2. 写天气（阴晴雨雪、冷热干湿）
3. 写一两个景物（花草树木、环境）
4. 点题句

点题句：必须有，要么是感受，要么是回忆！

（生齐读。）

（屏幕显示）

【小试身手】

阅读下面的文字，按照要求作文。（3 分钟）

恒，是追梦路上的执着，是身处困境的坚守，是成功的压舱石。恒，就是不忘初心地一笔一画去描绘心中的愿景。

请以“恒”为题目，用写景式写开头。

（学生展示，师点评。）

（屏幕显示）

在一个漆黑的夜晚，下起了倾盆大雨，雨点重重都打在水坑上，发出“咚咚咚”的声音，一朵朵水花绽放开来，在这样的一个夜晚，我体会到了“恒”。

（生似有所悟，微笑点头。）

五、找应急绿色通道

师： 这回写景式开头好解决了吧。有些同学还在摇头，不奇怪，大家基础不够好，难免！但可爱的你们别放弃，我再给你个应急绿色通道——写景万能公式。你就像完成一道填空题，把这个填空题答案背下来。

（屏幕显示）

写景万能公式（应急绿色通道）

那是一个________的________，雨点/阳光/灯光/________地洒在________，________是那么的________，让我不由得________。

（生默念、默记。）

师：我们来做练习！用写景万能公式完成以下练习。

（屏幕显示）

合作探究

用写景式开头完成以下练习。

1. 内容：批评教会了我自觉。（第一、二小组）
2. 内容：学业压力大，但我还在坚持。（第三、四小组）
3. 内容：我到乡村去，体会平静生活的美好。（第五、六小组）
4. 内容：这次考试又考砸了。（全班）

（生展示交流完成情况，师生进行点评！）

生（第一、二小组代表）：那是一个春天的早晨，阳光轻柔地洒在我面前的一棵树下，嫩叶在初阳下是那么的有生机，为姹紫嫣红的春天平添了一抹绿色，让我想起了那次老师对我的批评，我找到了新的动机——自觉。

师、生点评：这个写的主题是“批评教会了我自觉”，写景时用了拟人的修辞，为景赋予了生机。

生（第三、四小组代表）：那是一个滂沱大雨的早上，雨点无情地洒在我的身上，天空是那么的乌黑，伴随着学业的繁重，我不由得感到压力山大，但雨后总会有彩虹，我一定要坚持下去！

师、生点评：能用这万能公式，但感觉生硬了点。

生（第五、六小组代表）：那是一个月朗风清夜晚，星星俯下了身子，还眨呀眨的，与灯光流水交相辉映。不知名的野花是那么的调皮，正你不让我、我不让你地互相嬉戏着，让我不由得感受到乡村夏夜的美丽。

师、生点评：你真棒！能把学到的《春》的句子化为已用。

生（全班代表）：那是一个风雨交加的夜晚，雨点重重地砸在地上，也深深地砸进了我心里。我耷拉着脸瘫坐在地上，盯着桌子上的成绩单发愣，感觉浑身发冷。

师、生点评：这个开头形象生动地描写出了人物的神态和心理，如“砸进”“瘫坐”“盯着”这些词语，用得很好。

六、拓展提升

师：同学们，很多时候我们会遇到这种情况：心情很糟，但景物很美；景物没点生气，景物却很朝气蓬勃。这就是我要拓展的内容。

（屏幕显示）

微讲座

以乐景写乐：快乐时就用欢快的景物描写来体现（景物描写和叙事情感相符）。

以乐景写哀：悲伤时就用欢快的景物描写来体现（景物描写和叙事情感不符）。

如《诗经·采薇》中："昔我往矣，杨柳依依。今我来思，雨雪霏霏。"

依依杨柳，美好春色留人沉醉，却是黯然离别之际；雨雪霏霏，冰天坼地的寒冷，却是征夫回乡之时。

师：我发现你们上一届的师兄范毅峰用了这个方法写开头写得很成功。

（屏幕显示）

主题：这次考试又考砸了

标题：那次挫败让我懂得了快乐

瞧，窗外是一片蓝天，几朵白云在唠着家常，几只小鸟在空中嬉戏，还有一只雄鹰在练习飞行，它们是多么快乐啊……可我总是心中隐约有点难过。

七、我的收获

师：同学们，通过这节课学习，你得到了什么？

生：我们学到了写景开头式的写作思路、写景万能公式。

师：选个同学把写景思路、写景万能公式写出来。

（生写，师补充，形成板书。）

我的收获

写景式开头思路（步骤）：

1. 写时间（春夏秋冬、午后晨昏）

2. 写天气（阴晴雨雪、冷热干湿）

3. 写一两个景物（花草树木、环境、人物）

4. 点题句

（屏幕显示）

写景万能公式（应急绿色通道）

那是一个________的________，雨点/阳光/灯光/________地洒在______，________是那么的________，让我不由得________。

师总结：这节课我们学习了写景式开头的写法和万能公式，一起来读一遍板书。

（生齐读。）

师：用它开头，能渲染气氛，突出中心，抒发感情；能让读者沉醉于优美的景物描写中，或心驰神往，兴奋不已，或徜徉其间，欲罢不能。每年的中考，很多学子都以成功的景物描写开头获得高分。原来，开头可以这么美。那我们努力吧！

八、 我的作业我做主

（屏幕显示）

1. 必做题：用写景万能公式完成以下四个主题的开头

①梦想类：克服困难有进步

②真爱类：父母、老师或同学之情

③读书类：古诗词或人文素养

④美景类：写景+人生感悟与生活哲理

2. 选做题：用“以乐景写哀，以哀景写乐”的方法完成以上四个主题的开头。（让自己“跳一跳”。）

（本课属分片教研公开课暨温佛君名教师工作室研修活动，梅州市“聚焦课堂改革”评比课）

课堂感言

这节课属于微写作，是针对初三学生第一次质检作文而开展的项目式学习。这次质检，我发现学生写不好开头，甚至抄作文题前面的提示语，所以我先训练他们常用的、易用的引用式开头。这节课训练的是常用的写景式开头，之后是结构、语言等训练。

这节课大体的思路是：

一、课前准备，寻找教材中写景式开头并思考其作用，复习上次作文课学习的引用式开头方式。

二、调侃式导入，强调开头的重要性。

三、课中讨论交流，在规律中总结出格式，然后对点训练。

四、明白思路，寻找捷径（即应急通道）。

五、合作探究后，拓展提升，最后总结生成作业。

我觉得我最大的亮点是敢于尝试，客家人说的“死猪不怕开水烫”的那种。我对作文课进行研究并形成了自己的特色。另外，我的作业布置是分必做和选做两部分，这是与“双减”结合的。这次出外学习时，广州的教研员要求作业布置分为必做和选做，我几年前就开始实践这种做法，算是走在了前列的。

现场声音

毛主席提出“从群众中来，到群众中去”，这一群众路线是我们党事业取得伟大成就的重要法宝。这一路线同样适用于语文教学，课堂上，学生需要什么、存在什么问题，我们就要教给他们什么、帮他们解决什么，方能实现高效课堂的目标，例如我们的作文教学。我有幸聆听了管东方老师的这一节“写景式开头”写作教学课。

管东方老师的课给我最大的感受是既实在又实用。首先，东方老师所选的教学内容极有针对性。作文最关键之处是开头和结尾，其中，开头是作文的重头戏，好的开头就如人的美貌，可以让阅卷老师眼前一亮、一见钟情。管东方老师能抓住作文提分的关键点去设计一堂专门的指导课，不仅解决了写作开头难的问题，还帮助学生掌握了拿高分的有效方法。其次，她能立足教材和学生，以学生熟悉的、教材中写景式开头的范文为例，引导学生领会写景式开头的妙处。此外，她还选取了几句学生喜爱的同样是以写景作为开头的流行歌曲歌词，一下子就激发了学生的学习兴趣，拉近了师生的距离，调动起了课堂气氛，整节课轻松愉悦。这节课实用方面最大的亮点莫过于她总结的“写景式开头四步骤”及最贴心的“应急绿色通道”（写景式开头万能公式），这可谓是学生学会写作开头的宝典。学生掌握了这些法宝，还害怕开头难、写作难吗？刚才，我听到听课老师对这节课均给予了高度评价。大家纷纷感慨：原来，作文教学也可以这样教。

——兴宁市初中语文学科教研工作室主持人吴颂平老师

我们觉得管东方的这节名为“原来，开头这样美——写景式开头”的写作公开课十分精彩。她紧紧围绕“写景式开头是怎样的”这一主问题，结合课本素材和学生熟悉的歌词素材，引导学生合作探究，最后点拨写景式开头的基本步骤和写景万能公式，课堂气氛活跃，教学效果良好。

——兴宁市永和中学幸雅苑老师

管东方老师的这节作文课可以用“细致、细腻、深入、深刻、高效、实用”来概括。“细致”是她的教学切入点小但精致。“细腻”是她对学生指导很细腻。“深刻”是她给我们每一名老师留下深刻的印象。她的取材广泛而不累赘，学生的当场训练不含糊。“高效、实用”主要指她的课堂生成好，学生在她指导下真正能写、乐写。

——兴宁市实验学校语文教研组长张展宇老师

管东方老师用调侃式开头导入，有趣有味。作为语文教学的重头戏，东方老师的课堂总能让人耳目一新，做到了“理念新，内容新，方法新，主题新”，主题中注重激趣，训练中注重效果，解决了“作文开头难”的问题，对我们所有的师生都富有启发性和操作性。

——兴宁市华侨中学代表黄小健老师

这一节课教学思路清晰，紧紧围绕“写景式开头是怎样的”这一主问题，结合课本素材和学生熟悉的歌词素材，引导学生合作探究，最后点拨写景式开头的基本步骤和万能公式。课堂气氛活跃，课堂效果良好。我们听到工作室的老师们也表示不仅收获了作文教学的具体方法，还打开了语文作文教学的新局面，解开了老师们在作文教学中的不少疑惑。

——兴宁市下堡中学、坜陂中学、永和中学、水口中学等兄弟学校老师总评

管东方老师这节公开课可以用“实在”和“实用”两个词来概括。目标“实在”，方法“实在”。有助于学生提升作文等级和分值是为“实用”，她为听课师生们构建了一节高效的语文作文课堂，上了一堂具有引领性、典型性和示范性的公开课。

——兴宁市初中教研股教研员兼梅州市初中语文名师工作室主持人温佛君老师总结发言

征服读者不再是梦想
——“学习描写景物”课堂实录

【设计意图】本课是写景单元之后开展的写作教学，让学生通过课前准备、课中训练、课后巩固来学习景物描写。课前准备让学生寻找课本中的景物描写并思考其是怎样描写景物的；带领学生走出教室，从定点观察到移步换景，从宏观到微观，到融入情感调动各种感官全方位观察。课中训练用“四觉 + 修辞”“景物 + 感情”“宏观 + 微观”“化静为动”四种技巧描写景物。课后对课堂上所学的知识进行整理写作，形成一个闭环。

【教学过程】

一、 故事导入

师：曾经有个深居内陆的土著，有一天，他看到了大海。波涛汹涌的大海让他非常震惊。他想，这么美的东西，我怎么可以一个人欣赏呢？我要让我的土著小伙伴们也能体会到大海的美。可惜我语文不太好，说不出，不如就用玻璃瓶装一瓶海水回去，让他们感受下吧。结果他的小伙伴们都惊呆了：“大海就是这样又脏又臭的水？”

这个故事说明，景物描写不能将某一个部分拿给别人看，而是要将你看到的、听到的、感受到的东西都呈现给大家！如何把我们头脑中的那幅画面用文字表达出来呢？这就是我们这节课学习的重点——景物描写的技巧。只要我们学好了写景，那征服读者将不再是梦想。

（学生窃窃私语，大意是老师又给我们打“鸡血”。）

（板书）

学习景物描写

（生齐读标题。）

二、 描绘头脑中的画面

师：你们要把在校园看到的画面告诉大家。请一起大声喊“我能行”。

生（大声齐喊）：我能行！

师：课前要求大家寻找课本中的景物描写，找到了吗？有没有思考其是怎样描写的？

生：找到了很多。

师：好的！老师先给你讲第一个技巧。

（屏幕显示）

四觉＋修辞

（板书）

四觉：视觉、听觉、触觉、嗅觉或味觉

修辞：拟人、比喻、排比、反复等

师：我们在进行景物描写的时候，用以上的一种感觉或几种感觉加上一种修辞或几种修辞去体现，从而制造情境的真实感。

师：请同学们举例。

生：桃树、杏树、梨树，你不让我，我不让你，都开满了花赶趟儿。红的像火，粉的像霞，白的像雪。花里带着甜味；闭了眼，树上仿佛已经满是桃儿、杏儿、梨儿。花下成千成百的蜜蜂嗡嗡地闹着，大小的蝴蝶飞来飞去。

（投影这段文字，齐读。）

师：嗯，你的眼光独到，找到了这一段。那你来分析下哪句是用了四觉的手法，哪句用了修辞？

生："你不让我，我不让你"用了拟人；"红的像火，粉的像霞，白的像雪"用了排比、比喻。"花里带着甜味"用了味觉；"嗡嗡"是听觉；其他句是视觉。

师：在写作中从四个或者其中一个感觉加修辞去写，从而制造情境的真实感！如下面一例（一种感觉＋修辞）。

（屏幕显示）

姑母家里的花园不过是一个长方形的草坪，四周绕着矮矮的白石卍字栏杆，栏杆外就是一片荒山。这园子仿佛是乱山中凭空擎出的一只金漆托盘。

——《沉香屑·第一炉香》

（生齐读。）

师：这就是"视觉＋比喻"的手法。先写主人公看到的，再加一个比喻句来体现花园的整体形象。在我们的课文中也有这样的例子，你能说出来吗？

生："雨是最寻常的，一下就是三两天。可别恼。看，像牛毛，像花针，像细丝，密密地斜织着……"就是视觉加上排比、比喻来体现春雨的特点。

师：是的，你脑子转得好快！

请你先用这种简单的"感官＋修辞"方法修改你的习作"校园一景"片段。（小试牛刀）

（教师巡视，选取写得好的学生习作作展示。）

生（投影展示）：校园的茉莉花开了，花很小，一片雪白，远远就闻到了浓郁的香气，风一吹像飘落的雪花。

师：此处必须有掌声，观察真细致，写得很美！你能把后面比喻改为联想吗？

生（投影展示）：校园的茉莉花开了，花很小，一片雪白，远远就闻到了浓郁的香气，闭了眼，似乎见到了花仙子在散播香气。

师：嗯，反应不错，同学们写景时发挥联想和想象将美上一百倍啊！

请你尝试用上“多种感觉＋修辞”方法修改你的习作“校园一景”片段。（小试牛刀）

（教师巡视，选取写得好的学生习作作展示。）

生（投影展示）：*沙沙，沙沙*，起风了。校道上两旁的树迎风摇动着，叶儿随着风舞动，像一个可爱的精灵，轻拂在我的手上，好舒服。风里夹着青草翻动的淡淡的清香，还有花儿怒放的气息，红黄白紫，让人应接不暇。闭上眼，这味儿还有点儿甜呢。

师小结：这第一种技巧“四觉＋修辞（联想、想象）”很常用。凡是涉及自然环境描写，你就马上去想你看到的、听到的、闻到的、摸到的。

（屏幕显示）

第二个技巧：景物＋感情

师：我们再来学习第二个技巧“景物＋感情”。当我们的景物描写是衬托人物心情的时候，可以用这种方法。这种方法对景物描写的要求并不高，只需要我们对景物进行简单的描述，烘托一下气氛，然后写出人物对这个景物的感受即可。你能从学过的文章中找出来吗？

（学生沉思。）

师：想不起来啊？一切景物皆情语。所有的描写景物都包含着作者的某种感情，或高兴或忧愁，或喜爱或厌恶，如《雨的四季》《济南的冬天》等。

（学生回忆说出这些课文中的一些句子。）

师：这种技巧在歌词中也会使用，我们来放松下，听沙宝亮的《暗香》。

（播放音乐。）

（屏幕显示）

暗香

当花瓣离开花朵

暗香残留

香消在风起雨后

无人来嗅

如果爱告诉我走下去

我会拼到爱尽头

…………

师：歌词开头描写了雨后花瓣零落的自然环境，渲染了淡淡的伤感，然后马上抒发自己对爱情的执着。这种情景相融的歌词，既制造了唯美的画面，又表达了真挚的感情，配上优美的旋律，难怪风靡一时，成为万人传唱的经典歌曲。要注意的是这种“景物 + 情感”不是景物加上景物的感觉，而是景物加上你本来的心情。

想象自己即将离开母校，请你用这种技巧写出“校园一景”片段。（小试牛刀）

（教师巡视，选取写得好的学生习作作展示。）

生（投影展示）：操场旁的乔木被风吹得哗哗响，天气阴沉沉的。我的思绪乱成麻。

（屏幕显示）

第三种技巧：宏观 + 微观

（板书）

这一技巧在纪录片的镜头语言中常用，先航拍一段大森林，然后再近景拍其中的鸟类，地面的昆虫……这种方法针对的是单纯的写景，也就是将你自己置身于所要描述的画面中，先找出比我们大的景物，比如树木、河流、草原、山峰等等，再找出比我们小的景物，比如小花儿、小草儿、蚂蚁、蜻蜓等等。再将这些事物组合在一起就是“宏观 + 微观”了。请同学们从课文中找出例子来。

（生沉思。）

师：花下成千成百的蜜蜂嗡嗡地闹着，大小的蝴蝶飞来飞去。野花遍地，杂样儿，有名字的，没名字的，散在草丛里，像眼睛，像星星，还眨呀眨的。

（生齐读。）

师：《济南的冬天》写山时有没有写山上的树木等景物？

生：最妙的是下点小雪呀。看吧，山上的矮松越发的青黑，树尖上顶着一髻儿白花，好像日本看护妇。山尖全白了，给蓝天镶上一道银边。

师：对，这就是“宏观 + 微观”，先写济南的山，后写到山上的矮松、树尖。

现在请你用这种方法写你观察到的“校园一景”片段。（小试牛刀）

（教师巡视，选取写得好的学生习作作展示。）

生（投影展示）：我站在教室门口，望着路上郁郁葱葱的老树，朝阳给整个校园披上了金色的外衣。（宏观）。

忽然看到一只鸟飞到老树中，然后听到“喳喳喳”的叫声。好奇的我跑过去张望，

发现有个鸟窝在树上，有几只雏鸟只在探头探脑望外看，刚飞回的那只鸟似在给它们喂食，好温馨的一幅画面啊！（微观）

师：禁不住给你点赞，宏观还用上了“视觉 + 拟人”，微观时用了“景物 + 情感”。其他的景物也可以用这种方法进行描写，最重要的是找好要写的景物。

生：这是我在校园里确确实实看到的。

师：对啊，写景离不开观察，有细致观察写得就传神。

（屏幕显示）

第四种技巧：化静为动

师：在课文中找到了这种写法吗？

生：素湍绿潭，回清倒影，绝巘多生怪柏，悬泉瀑布，飞漱其间。

师：对的，景物描写大多数都是静的，如果仅仅是单纯地将这些静态的景物描述一番可能会略显呆滞，缺乏特别的美感，所以我们有时候要将静态的景物动态化。如何做到这一点呢？我们来听一首霍尊的《卷珠帘》。

（播放音乐。）

（屏幕显示）

卷珠帘

细雨落入初春的清晨

悄悄唤醒枝芽

听微风 耳畔响

叹流水兮落花伤

…………

师：“细雨”“微风”“流水”本是动态的，“枝芽”是静态的，加上动词“唤醒”就化静为动了，这其实是一种很简单实用的写景方法，就是将本来没有动作的景物加上动作。这种方法的关键是动词的运用，最经典的运用就是王安石的那句“春风又绿江南岸”，一个“绿”字既又动态，又有颜色，非常精妙。

现在请分小组讨论交流，用这种方法合作完成“窗外”片段。（合作探究）

（教师巡视，选取写得好的小组代表习作作展示。）

生（小组代表展示）：窗外的日光收回了骄横，草儿又重新直起了腰杆，花儿又张开了她的笑脸。

师：这里把日光、草儿、花儿都写活了，赋予了它们勃勃的生机。

三、 我的收获

师：同学们，这节课我们学到这，现在谈谈这节课你学到什么！

生（杂说）：景物描写的四种技巧，“化静为动”“四觉 + 修辞”“景物 + 感情”“宏观 + 微观”。

（屏幕显示）

景物描写技巧：
- 四觉 + 修辞
- 景物 + 感情
- 宏观 + 微观
- 化静为动

师：除了我们学的这几种技巧，还有移步换景法、定点观察等方法。一段好的景物描写是通过把各种技巧自如混搭来制造作者想要的效果的。掌握这四种技巧，你就能让各种景物跃然纸上，描绘出生动美妙的画面，让读者身临其境，靠美文征服读者也不再是梦想。

四、 我爱我的作业

1．修改完善课堂写的“校园一景”片段。

2．你留意过自家窗外的景物吗？或许是车水马龙的道路，或许是花木茂盛的园圃，或许是小伙伴们玩耍的场地……以“窗外”为题，写一篇作文。不少于500字。

（本课是陪同大学生“送教下乡”的示范课）

教学感言

写作课该怎样上

记得不知那个名人说过：“让阅读与写作像呼吸一样自然。”这句话提倡学生多读多写，厚积才能薄发，在读中写，写中读，进行仿写和微写作。

写作课要以写作活动为主，这本来是一个基本常识，但现在很多老师喜欢把写作课上成评讲课，以为就是在课堂上表扬写得好的优秀学生，“批斗”写得不好的学生；有的老师把写作课上成了阅读课，热衷于到名篇名作中去寻找写作的技巧与方法；还有老师把写作课上成了类似的赏析课，把静态的写作知识变成了一张张的课件，老师一路讲下去。

这节课先向课文学写作，选取课文中主要的写景方法，如“四觉+修辞”“景物+感情”“宏观+微观”“化静为动”的写法，然后进行对点的练习。

我觉得这节课最主要用了一些生动有趣的实例，比如歌曲的运用，让学生在视听享受中明白技巧，不会觉得枯燥。另外，学生学得轻松有趣，也会更乐意配合写。

也许有老师认为只有“写作文的课”，没有“写作课”。徐杰老师说：“写作课是在老师的指导和引领下，以学生学会写作为目标的有步骤的写作训练过程。”

我在阅读和写作方面进行了研究和探索，写了一些论文，也创设了一些课例，写了一些下水作文。为了让学生爱上写作，我先严格要求自己多写，然后和学生分享自己的下水作文。

（本文是作者在2021年分片教研暨温佛君名教师工作室研修活动课后反思时所作微讲座的原文）

现场声音

管东方老师的这节公开课总的来说新颖、现代、典范。教学有个性，有自己的特点与风格。在教学设计上，有新的突破，课堂给人耳目一新的感觉；注重作文教学的讲和练，讲解精辟，重点突出；注重培养学生的写作意识和写作能力；善于调动学生写作积极性，挖掘学生的潜能。

——听课组总评

“我不是我”的境界
——“发挥联想和想象”课堂实录

【设计意图】本课是在学习了所在单元全部课文后已经对联想、想象及其作用有了一定的了解而开展的思维写作实践。本课通过丰富的文本示例引导学生体会联想、想象，进行联想、想象的思维训练，然后再运用于写作中。开展了三个实践活动：

1. 我是谁。帮助学生明确认识联想和想象及其重要性，明白联想要合理，想象要创新。

2. 我中有你，你中有我。让学生区别联想和想象，明白联想和想象都是相伴相生的。

3. 你我融为一体，我不是我的境界。让学生融合在写作中去体悟，明白联想和想象融为一体，创造新的形象。

【教学过程】

一、 我要告你

（屏幕显示）

O

记得曾看过一个报道，一个母亲状告幼儿园老师，理由是老师提前教了英语字母“O”，这是为什么呢？

生（惊讶）：为什么啊？

师：这就是我们今天要学习的内容，且听我慢慢道来！我们这节课运用联想、想象拓展写作思路，达到我不是我的境界！

二、 我是谁（展开联想和想象）

师：“0”可以想成很多不同的东西，你想到了什么？

生（杂说）：是个零、大鸭蛋、一轮圆月、月饼、足球、篮球、张开的嘴巴……

师：看来这个图形让大家浮想联翩了。为什么会想到这些？

生：因为它们形状很相似或相关。

师：对，刚刚同学们通过这个符号联想到很多事物，虽然联想到的事物各不相同，但它们都与这个符号有相关性或相似性，所以我们在联想时只要抓住事物的相关性和相似性，联想就会合情合理。

（板书）

联想要合理

师：那能不能由此再想到更远一点的东西？像学过的课文《天上的街市》一样去想。

（生沉思。）

生：我想到了圆满。

生：我想到了团结。

生：我想到了起点。

师：逆向来思考下，圆满的反面是什么？

生：缺陷、残缺、终点。

师：也可以说是曲折。

师：你们由“O”想到团结、曲折等是对图进行了加工和创新啊！

（板书）

想象要创新

师：现在请同学们讨论下什么是联想，什么是想象？它们有什么作用呢？

（生讨论。）

师：现在哪位同学来说下，什么是联想、想象？

生：联想就是由一事物想到与之相关的另一事物，而想象则是在头脑中创造出未曾有过的新形象。

（屏幕显示）

联想是由眼前的人、事、物想到与其相关的人、事、物的心理活动。

想象是指人们在原有材料的基础上，在头脑中创造出没有经历过的，甚至是现实中根本不存在的，但又合乎情理的事物形象的心理活动。

（生齐读。）

（屏幕显示）

想象力比知识更重要。因为知识是有限的，而想象力概括着世界上的一切，推动着进步，并且是知识进化的源泉。没有想象力的灵魂，就像没有望远镜的天文台。

——［德］爱因斯坦

没有想象力，一切官能无论多么健康敏锐，都等于乌有。

——［法］波德莱尔

（生齐读。）

师：那现在你们该明白开头的母亲为啥状告那名老师过早教了字母“O”了吧！

生（杂说）：使她小孩失去了创新能力。

师：是啊！因为未教字母前，这小孩会像我们一样联想到生活中很多的相关事物，这就是联想；也会使她的孩子创造出新的事物，这就是想象力。失去了这些对于一个人来说十分不利。我们要重视培养自己和他人的联想和想象能力！

三、我中有你，你中有我（区别联想和想象）

（屏幕显示）

请大家接龙说出以下事物，你联想到什么？

①玫瑰 ②康乃馨 ③牡丹 ④明月 ⑤柳枝 ⑥鸽子 ⑦绿色

生（杂说）：爱情、思乡、和平等。

（屏幕显示）

玫瑰——爱情

康乃馨——母亲

牡丹——富贵

明月——思乡

柳枝——离别

鸽子——和平

绿色——生命，希望

（生齐读。）

师：我这动作像什么？（手拿一支粉笔作吸烟状。）

生：像抽烟。

师：这属想象还是联想？

生：联想。

师：挪向远方，这又像什么？（把粉笔笔直竖起。）

生：标杆、路标。

师：这属于联想还是想象？

生：想象。

师（启发）：轻松一下，欣赏一段音乐，并请同学们在头脑中想象一个星空的画面。你若能随着音乐的旋律徜徉于夜空，那就更美妙了。听完后请同学们用语言描绘出你想象到的这幅星空图。现在开始，闭上眼睛，静静聆听。

（播放《天上的街市》同名曲。）

（屏幕显示）

天上的街市

郭沫若

远远的街灯明了，

好像闪着无数的明星。

天上的明星现了，

好像是点着无数的街灯。

我想那缥缈的空中，

定然有美丽的街市。

街市上陈列的一些物品，

定然是世上没有的珍奇。

你看，那浅浅的天河，

定然是不甚宽广。

那隔河的牛郎织女，

定能够骑着牛儿来往。

我想他们此刻，

定然在天街闲游。

不信，请看那朵流星，

是他们提着灯笼在走。

师：音乐听完了，你们头脑中是怎样的一幅星空图呢？请用语言描述。

生：听着音乐，我仿佛看见漆黑的夜空中有无数明亮的星星和街灯。

师：不错。用“明亮”去修饰星星和街灯，而且“漆黑”与“明亮”对比，更烘托出星星和街灯。这是联想还是想象？

生：联想。

生：我似乎看到了很多珍奇的物品。

生：我似乎看到了天河是浅浅的，牛郎织女骑着牛，提着灯笼，涉过天河，自由逛街的画面。

师：传说中的牛郎织女被一条宽广的银河隔开了，一年只有一次短暂的相见。诗中牛郎织女又过着怎样的一种生活呢？

生：幸福的生活！

师：是的，他们可以骑着牛儿来往，可以在天街闲游，由此可以看出他们的生活很悠闲。

师：读着这样的结局，同学们有什么感受？

生：很舒服！

生：以前听故事的时候觉得有点遗憾，总希望他们之间没有银河的阻隔，没有天帝的阻挠，现在心里挺高兴！

生：这样的结局让我感觉很新奇！

师：是的，郭沫若先生在原有传说故事的基础上进行大胆的改变，这就是想象，这就是创造，而这样的创造让我们耳目一新。

四、 你我融为一体，我不是我的境界

师：上面的“O”形，我们可以联想、想象成以下一段话。

（屏幕显示）

例：它像一面圆圆的镜子。镜子不仅能照出人外表的美丑，还能照出人的灵魂。魏徵就说：“以铜为镜，可以正衣冠；以人为镜，可以明得失；以史为镜，可以知兴替。”

你还可以想象成什么？

试着写一段话，100 字左右。

（屏幕显示）

圆，使我想起了长河落日圆，满是光彩的云朵流过太阳，慢慢地，向上飘去。大圆球似的夕阳，涨红着脸，俯视着万物，迟迟不愿离去，把自己最后一抹光辉洒向人间，带着羞涩的笑隐在五彩云朵中。一轮更圆，更红的太阳，将在明朝升起。

（生齐读。）

（屏幕显示）

分组合作交流：我们听过《龟兔赛跑》的故事，第一次跑输了后，兔子不服气，提出再次比赛，结果兔子还是输了，发挥你的联想、想象，请同学们猜想乌龟是如何赢得比赛的。

全班交流：选出两组代表简要复述本组故事，看看哪一组的故事情节发展比较连贯，故事更为精彩。大家讨论，提出修改意见。

（屏幕显示学生习作）

兔子因为输掉了比赛而感到失望，它做了一些失利原因的分析。兔子发现，自己失败只是因为过于自信而导致粗心大意、疏于防范。

如果它不那么自以为是，乌龟根本没有获胜的可能。于是兔子向乌龟提出挑战：再比一次。乌龟同意了。

这一次，乌龟动了动脑筋，它意识到，以当前的比赛形式，它是不可能在比赛中胜

过兔子的。

它想了一阵子，然后向兔子发出了新的挑战，它说可以跟兔子再比一次，但是比赛路线会有所不同。

兔子同意了。它们出发后，兔子遵循了原先的策略，坚持以最快的速度飞跑，直到面前出现了一条大河。终点位于河对岸两公里处。

兔子坐了下来，思忖着下一步该怎么办。这时，乌龟赶了上来，它跳进了河里，游到了对岸，并继续向前迈进，最终达到了终点。

这一场，兔子又输了！

（屏幕显示）

探究练习：这个小组编写的故事怎么样？

生：想象丰富，主题突出，内涵深刻。

生：思维活跃，联想合理。

师：我们看课文郭沫若的《天上的街市》会用到一些修辞，《女娲造人》会用到人物的描写。这篇有没有用到？

生：只用到心理描写，感觉太单一了，还可更细致地描写兔子、乌龟的神态、外貌等，也可用修辞去体现整个故事。

师：我们都有一个共同的感受，就是这个故事的奇思妙想让同学们迅速抓住了其中的亮点，并且印象深刻，但同学们写的故事还缺乏更丰富的枝叶。可见，联想和想象的充分发挥，要辅以具体的语言描绘以及多种修辞方法的细致运用，这会让我们对语言描绘的事物印象深刻。我们在作文中发挥联想和想象时，要注意细节的具体化描述。那在此基础上请课代表下课后再修稿，定稿给同学们交流。

（板书）

内容要具体

五、 我的收获

师：同学们，通过这节课你们学到了什么呢？

生（杂说）：学到了联想和想象的知识，学到了联想和想象的作用，学到了联想要合理，想象要创新，内容要具体。

（屏幕显示）

写作要求：

想象要合理；

内容要具体；

要有创意。

师：同学们，联想和想象在文学创作中经常处于“伴生”状态，即你中有我，我中有你，两者缺一不可。但不管怎么天马行空，都要具有现实性，都要有具体的内容。用心感受，展开联想和想象的翅膀，让你的文章灵动飞扬吧！

六、 我的作业我做主

1．必做题：当堂作文

写作时运用联想和想象，可以思接千里、视通万里。请在下面词语中任选三个，运用联想和想象，写一个故事。（文章中要用到你选的三个词语，并用方框标出）

窗　　草　　伞　　追求　　老人　　秋天　　下棋

2．选做题（任选一题）

①请以“窗”为话题，运用联想、想象写一个有深刻内涵的联想片段。

②草：由小草你想到了什么？写一个简单的故事。

教学感言

“授人以鱼不如授人以渔”，让学生活学活用才是最重要的。在学习中，我明白了什么是深入浅出，什么是复杂的问题简单化。再复杂的问题、再深奥的知识只要用类比法都能简单易懂。比如讲难懂的内容“联想和想象”，我借助了家长状告老师的事例和相关的《牛郎织女》和《龟兔赛跑》这两个喜闻乐见的趣味故事，借助有趣的微讲座，这样便于学生理解和掌握。

在教学中要灵活地运用教法，依文体定教，依学情定教。在上这课时，我想尽办法制造有效信息，以求引起学生注意，激起学生共鸣，使教学顺利开展。在这节写作指导课，因联想、想象的特点，我设置了主题“我不是我的境界”，然后以“我要告你”悬念式导入，这就像是动人的前奏总能让人欢欣鼓舞、跃跃欲试。然后设置了“我是谁”引导学生理解联想和想象，再用“我中有你，你中有我”来区别联想和想象”，用“你我融为一体，我不是我的境界”理解联想和想象在文学创作中经常处于“伴生”状态。

每一个设置都训练学生的说和写，每一次训练都让学生明白了联想和想象运用在写作中要注意的问题。课中用了玫瑰、牡丹、圆月等图片和《天上的街市》同名曲，也是为了不断地吸引学生注意，使他们乐于参与到说和写之中。学生在乐中学，在学中乐。另外，作业的设置分必做和选做，必做的课堂作文极富联想和想象的特点。

现场声音

东方老师是我学习的对象，她的课有趣有味。

——嘉应学院见习教师吴雯

东方老师的教学理念、教学思路总是比我们走在前面，她能把复杂的联想和想象变得简单而有趣，让学生易学、乐学、乐说、易写。

——嘉应学院见习教师刘利兰

“我不是我的境界”这一主题设得很有新意，而且课中的“我是谁”“我中有你，你中有我”“你我融为一体，我不是我的境界”等设置很能体现联想、想象的特点。

——汕头职业技学院见习教师刘艳

这节课对学生思维的训练，让人耳一新，而且课堂的预设生成好！学生活动充分！

——汕头职业技学院见习教师陈萍萍

从此，我不再掉入陷阱

——“审题立意”课堂实录

【设计意图】审题和立意对于九年级学生并不陌生，只是不够准确而已。本课是在此基础上结合单元要求而开展的写作实践，课上通过实战演练等丰富的示例引导学生体会审题和立意，并将之运用于写作中。本课开展了四个实践活动：

1. 温故而知新，回归课本单元写作阅读，明确什么是审题和立意、如何审题立意。

2. 实题演练，展示学生的审题、立意，让学生在分辨中提升，明确怎样多角度立意。

3. 学生当堂互相评改文章，师总评，展示佳作，让学生在思辨中豁达，在巩固中提升。

4. 学生实践后谈收获，有感而发，总结到位，听课的同学受益匪浅。

【教学过程】

一、 温故而知新

（屏幕显示）

写前要想些什么？（3 分钟）

师：你拿到一篇作文在 3 分钟内首先要想什么？

生：看题目啊。

生：确定中心啊。

生（笑）：列提纲。

师：这些叫什么？

（生愕然后一片哗然。）

师：这些叫写作步骤，包括审题、立意、选材、怎样开头结尾、怎样详略安排，把这些想法简单地写下来就是列提纲。

（屏幕显示）

写作步骤：审题、立意、选材、谋篇、布局。

师：这节课我们再来回顾审题立意，进行提升。请翻开课本第 40 页，请你用圈点批注法看完第 40—41 页，说说什么是审题和立意。

（师巡视，学生静看、圈画、静思。）

师：现在谁来说说？

生：审题就是审察题目，明确题目的要求；立意就是确立最主要的思想内容。只有认真审题，恰当立意，才能确保写作符合要求，不跑题，不偏题；也才能有效组织材料，合理安排文章结构。

师：找得很准，文中第一段就点明了，大家一起朗读一遍。

（屏幕显示）

审题就是审察题目，明确题目的要求；立意就是根据考题确立中心思想。认真审题，恰当立意，才能确保写作符合要求，不跑题，不偏题；也才能有效组织材料，合理安排文章结构。

（生齐读。）

师：这只是概念而已，那如何审题、立意呢？以前有同学写作文时总是跑题和偏题，慨叹“为什么掉陷阱的总是我”。审题是有一定的步骤和技巧的，立意也是有要求的，你们能不能在概括中寻找到规律和方法？

二、 方法指导

生（杂说）：审范围、审人称、审提示语、审材料、审要求、要注意题目的隐含义……

师：你们只说到审题，那立意呢？

生（杂说）：立意要明确、要有新意、要深刻……

师：审题三板斧是审导语（前面的提示语或材料）、审题干、审要求。在这三个步骤上所花时间是不同的，那这技巧可以用“四瞄三盯”来概括。“瞄”就是短时间内完成，秒懂的那种。“盯”花的时间长，可以 1 分钟，甚至一刻钟都不为过。

师：那同学们认为哪些应该“瞄”，哪些应该“盯”呢？

生：我觉得导语应该“盯”。

生：我觉得题干应该“盯”，防陷阱。

生：我觉得要求应该“瞄”一下就可以。

师：同学们说得很对，题干的修饰语、隐含义要注意，要花多点时间研究，要“盯”。

（屏幕显示）

四瞄：瞄文体、瞄数字、瞄人称、瞄范围

三盯：盯导语、盯修饰语、盯隐含义。

立意：鲜明、正确、新颖、深刻。

（生齐读）

三、实战演练

师：只记住这些，不练，都是纸上谈兵，我们来练习下。

看下面的题目，写出你的审题立意。

（屏幕显示）

实题演练

【广东省2021年中考作文】

以“这才是少年应有的模样”为结尾写一篇文章，题目自拟，文体不限，不少于500字。

（生沉思、书写。）

师：走向成功的第一步要审题，离题将“死无葬身之地”！

生：没想到2021年的中考作文出题这么简单。预想中会设置审题障碍，有一大段文字出来，然后才引出作文要求，这没什么好审的。

师：这真的没什么好审的吗？

生（杂说）：“这才是少年应有的模样”这句话要放在结尾，瞄一下文体，瞄一下数字……

师：你们觉得这句话“这才是少年应有的模样”不应该多盯一下吗？

生：对哦，这既是题干，又是提示语。

师：对啦，我们先审提示语“以‘这才是少年应有的模样’为结尾”，切记一定要放在结尾句，且不能改原句。

生：这个知道。

师：再审题干，“以‘这才是少年应有的模样’为结尾”暗示是情境式作文或者叫任务驱动式作文，写时要注意“这”“才是”“应有”，体现一个认识变化的过程！还要注意是“少年”“模样”。

生：这个没注意到。我只会把我认为的少年模样列了，可能不会考虑他原来啥样！

师：后审要求，这次作文张扬个性，想写啥文体就写啥文体。少年你就大胆地嗨吧！但切忌啥啥分不清楚！数字方面，你就大胆地吹吧，吹够六七百字就更好。

（学生笑。）

师：怎么立意呢？“人无我有，人有我新”“剩饭炒三回，连狗都不闻”，要有创意。

生：庆祝中国共产党成立100周年大会上的“强国有我”就是少年应有的模样，也可以是爱国的、先进的人物。

生：只要是有活力的少年就可。

师：嗯，对了，要体现积极的正能量的少年模样！可爱国、爱党、助人为乐、孝顺懂事……这少年可原来是“吊儿郎当”或“混世魔王”，但最后必须是“少年哪吒”！

（学生窃窃私语后笑了！）

师：立意还可以多角度进行，比如“窗”怎样立意？

（屏幕显示）

以“窗”为话题，你从哪些角度立意？

生（捂嘴笑）：我就想到实物窗户。

生：我想到了对外开放。

生：我想到心灵之窗。

生：我想到了窗内的人们。

生：我想到了窗外的生活。

师：对啊，可以是有形的窗，也可以是无形的窗，如常说的“眼睛是心灵之窗”，一张照片是“童年之窗”，电视、报纸是“社会之窗”，天安门是“国门之窗”，还可以指窗外的生活、故事。

师：你们再想下“窗”的功能。如能透进阳光……

生（杂说）：这个简单，流进新鲜的空气，挡住寒流，成为美丽的装饰……

（屏幕显示）

窗：有形的、无形的，内、外、作用

师：我们来看北京的期末考试试题，写出你审题立意的过程。

（屏幕显示）

题目一：抬起头，可见一树繁花；抬起头，可见满天星斗；抬起头，可以从迷茫中走出；抬起头，才会去拥抱真实的世界……

请以“抬起头”为题目，写一篇文章，不限文体（诗歌除外）。

要求：（1）请将作文题目抄写在答题卡上；

（2）作文内容积极向上；

（3）字数在600—800之间；

（4）不要出现所在学校的校名或人名。

（生沉思、书写、展示、点评。）

（屏幕显示）

精选学生的审题、立意

这是一道命题作文，我们可以采用审题三板斧来完成：一审提示语；二审题干；三审要求。审提示语，我们先分开总结句和提示句。总结句是“……”句后的“请以‘抬起头’为题目”，提示出题老师的用意。提示句“为抬起头，可见一树繁花；抬起头，可见满天星斗；抬起头，可以从迷茫中走出；抬起头，才会去拥抱真实的世界……

审题干“抬起头”：要抓题目中的动词“抬起”、名词“头”。结合提示语逐层推敲题干，理解其深层含义，排除只从字面上理解为表示动作抬头这一陷阱。

审要求：1. 题目写在答题卡上，不写将要扣分；2. 要求内容积极向上，提示了选材和立意要正确；3. 字数要600字以上800字以下，低于600字要扣分；4. 不要在文中透漏自己的学校和师生的信息。

立意：传承经典、热爱科学、浓浓乡情；勇敢面对困难、向他人学习、走出迷茫……

师：学以致用，这位同学能按照审题“三板斧”进行审题立意，在审时抓住了关键词“抬起”，盯住了提示语中的重要信息，提示语暗示了你立意的角度和范围，立意时能多角度进行。下面我们针对这次综合练习题来写整篇文章，仍要注意审题和立意。

（屏幕显示）

实题演练，整篇写作。（30分钟）阅读下面的文字，按要求作文。

“山重水复疑无路，柳暗花明又一村”，前方，或柳暗；前方，或花明。面对挑战，我学会坚强，不再退缩；面对挫折，我学会高兴，不再悲伤；面对唠叨，我学会感恩，不再抱怨……

请以“从此，我不再________”为题，写一篇文章。

要求：

①将题目补充完整，然后作文；

②作文中不得出现真实的姓名、校名；

③除诗歌外，文体自选；

④不少于600字。

（学生互改，师巡视检查，老师总评。）

（屏幕显示）

总评

优点：

1. 能紧扣文题、结合亲身经历进行写作。

2. 字数基本达标，字迹工整，语句通顺。

不足：

1. 审题不清，大部分没有理解“不再”。

2. 立意不准，写作本文应以“自身经历”为主。

3. 主题不突出，要能体现“从此”，要写清楚过程的变化。

4. 选材不够新颖，很多同学写唠叨、抱怨、小考等小事。

师：下面给大家看一篇优秀作文，看人家怎么审题立意写出来的。

（屏幕显示）

优秀佳作

从此，我不再拥有那味甘甜

“下盘再稳点，再下去一点，这样才能真正练到你的腿部肌肉！”每当独自一人站在那朝阳下的阳台上，面对着熟悉的场景，我总能想起爷爷那浑厚有力的声音……

小时候，爷爷是一个称职的玩伴。那杯菊花茶是苦涩的！记得我刚出生那年，听父母说您那常年紧绷的脸一下舒展开来。那些天，您又是查字典，又是找算命先生，才给我取了一个叫“智渊”的名字。从那时起，我们家便多了两个顽童。一老一小，相处甚是融洽。只记得，每次玩累了，您都会回家给我煮菊花茶喝。而我却只喝出了它的苦涩，便绝不品尝第二口，丝毫不妥协。可您却不厌其烦，每次换着法子哄我喝……

长大后，爷爷是一位严厉的师父。那杯菊花茶是甘甜、美味的！告别了童年的我，渐渐成长为一名“大男孩”。为什么这么叫呢？因为当时的我，像一个永远长不大的小男孩。于是您便用当年从军时期的训练课程教我如何成长。渐渐地，我的身体也变得更强壮。每次训练过后，你会递给我一杯漂着菊花冒着热气的茶。那时我品尝到了甘甜、美味，也渐渐地喜欢上了菊花茶！

后来啊，爷爷是一名优秀的家庭教师。那杯菊花茶是凝神、降火的！在我刚学习作文时，是您在一旁辅导我直至半夜三更。我早已在床上呼呼大睡，可您却还在我的书桌旁一遍又一遍地修改着我的作文。我作文水平的提高，换来的却是您更加凹陷、浑浊的眼睛。每到写作文时，您总是悄悄地在我旁边放一杯热腾腾的菊花茶。

而现在，爷爷却成了我记忆中那一杯永远冒着热气的菊花茶。我到现在也清楚地记得：那是星期三的中午，刚回到家的我，却得知从医院里传来的惊天噩耗——爷爷永远地走了！我看着闭着双眼的爷爷，傻傻地呆住了。这是我第一次经历生死离别，一个活生生的人，一个我至亲至爱的人，就这么永远地离开了。

那杯热腾腾的菊花茶所带来的甘甜，从此消失在了我的生活中……

师点评：本文审题准确，能够盯住“从此”“不再”做文章，立意能从平凡中翻出新意，富有真情实感。在结构上用了刚学到的“彩线串珠式”，这种手法能使文章内容集中，结构紧凑，主题鲜明，更好地突出文章的主旨，抒发作者的情感，条理清楚地进行议论。

四、 谈收获

师：通过这节课的学习和写作，你学到了什么，有什么心得和体会，今后在审题立意中该怎样做？各人总结下，然后和其他同学谈谈，班长上来选取关键词进行板书。

生：我以后不会掉审题陷阱了。

生：我学到了审题的三板斧，审导语、审题干、审要求。

生：我记住了审题的“四瞄三盯”，瞄文体、瞄人称、瞄范围、瞄数字；盯导语、盯修饰语、盯隐含义。

生：我知道了怎样立意才深刻、怎样多角度立意。

生：我觉得同学们在审题时一定要逐字逐句抠，不放过题目的任何部分，立意一定要根据考题来确定中心。另外审题要有深刻理解，立意要契合现代的脚步，关注时事民生，这样文章才有新意。

(同学们鼓掌。)

生：立意要有自己的生活感悟才能打动人。选材新才能立意新，要避开人们常论述的话题，就如老师说的“剩饭炒三回，连狗都不闻”。

(学生叹服。)

师：那以后你们还会掉陷阱而捶胸顿足吗？

生：从此掉陷阱的再也不是我们啦！

(生哈哈笑。)

师：对的，有些考题可逆向立意更新颖，以后再给大家讲。希望每个同学都能掌握好写作步骤中的审题、立意。审题快而准，立意新、准、深，从此不再掉陷阱。

五、 我的作业我做主

1. 必做题：重新修改自己的作文，并工整地抄写在作文本子上。

2. 选做题：从实题演练中任选一题写作，不少于600字。

教学感言

在写作方面，我先让他们从简单的话、事写起，有时也会创设情境让他们有感而发，然后会进行“先死后活”强化训练。“死”包括写作步骤的思维训练，主要指作文的一些基本结构模式，一些技巧；“活”主要指作文的灵活自由，让他们先规范写成一篇作文后再进行美化提升。

本课从审题立意片段式微写作思维训练上升到整篇文章的写作。对于九年级学生，审题、立意不陌生，但是易失误，而这一失误对于他们来说是损失惨重的。我的方法是复习、方法指导后进行实战演练，让他们从中考题型中去感悟，写出自己的审题立意思路，然后挑选优秀的审题、立意进行展示。另外在作文修改形式上，我采用了近来倡导的自改、互改，老师批改、当面批改等形式，感觉效果不错。学生在互改互学互比中不断提升写作能力，积极性也较高。在整篇写作中，老师的总评和点评很重要，这要老师花点心思，而且要讲求效率，学生写成篇后要趁热打铁，收效才会大。

在课中，写整篇作文时我是限时30分钟的，要训练初三学生快速成文的习惯，毕竟考场上写一篇作文能给他们的时间也就40分钟左右。最后，我让他们谈收获，觉得此设置很好，把主动权还给学生，让学生去总结，老师只是点拨和补充。让学生实践后谈自己的收获，他们就有感而发，就会善于总结，听的同学也会受益匪浅。可以说本次作文训练达到了预期的效果。

附录

整理课堂实录不仅是一个技术活儿，也是一个艺术活儿

王　君

教师专业发展最重要的一个途径是积累课堂作品。按照我的大白话，就是教师得会生孩子，而且还得一直生。孩子多，孩子质量高，才能证明自己教学水平高。积累课堂作品就得整理课堂实录。这不是件容易的事。这几年来，自告奋勇要帮我整理课堂实录的朋友不少，但整理出来的东西，很多让人啼笑皆非，甚至，我花在修改这个实录上的时间，比我自己整理的时间都要多。很多朋友不明白了，整理实录不就是把课堂上师生说的话原封不动地记录下来吗？这有什么难的呀？呵呵，可不这么简单。

为什么不简单呢？实录只有文字，但实际上我们上课，课堂信息还包括授课老师和学生以及听课老师的表情啊，气息啊，情绪啊……这些不能用文字表达的部分，往往恰恰是课堂最重要、最有感染力的部分。而且，老师和学生的语言表达，也是在这种氛围中生成的。所以，省略的信息会很多。在课堂上我们是感觉不到省略的，因为眼神、表情、动作弥补了这些省略。所以，实录一旦脱离了具体的课堂情景，很多信息就是不完全的，就是令人费解的。如果照搬师生说的话，就会造成信息的缺失、表达的模糊。同时，现场上课，冗杂的信息也有不少。脱离了鲜活的课堂情景，这些冗杂，也是可以去掉的。所以，整理课堂实录，我们有三个层面的追求。

基础层面：让实录传达的信息准确精练。这个层面的关键是要能把课堂上的“非语言信息”变为“语言信息”，让读者能够理解课堂上到底发生了什么。因为“非语言信息”的干扰，所以教师和学生的部分表达肯定是不通顺的，这就需要要修改调整。实录不是把所有语言原封不动地记录下来。该删的要删，该加的要加。明显口误，要纠正。总之，要把那些看不见的信息表达出来，不要让读者费解。

中级层面：让实录拥有温度。好的实录，不是干巴巴、硬生生的，而是能表达出上课时候的课堂情绪的，是充满感情的。如何让实录语言经由实录者的表达和创生，生动地再现情绪，这是考验人的。比如，简单地记录师生的动作、表情、笑声等有感染力的课堂行为，都能提升实录的情绪价值。温度，是抽象的。优秀的实录者，眼里和手上，都得有温度。否则，实录就是文字的堆砌，不暖人，再好的课都糟蹋了。

高级层面：让实录具有审美价值。把口头语言变为文字语言后，声音本身的轻重缓

急、抑扬顿挫没有了，那靠什么去实现审美呢？我们至少可以从两个方面去努力：结构要眉清目秀，这就需要实录整理者根据自己对课的理解，从宏观、中观的层面对课进行划分。一堂课，至少也应该划分出起、承、转、合四个部分吧。厉害的整理者，还要善于自己提炼，赋予每一个部分以灵魂。文字要节奏分明：内容好了，形式也是重要的。问问自己：如何排版？字体如何区分？哪些需要加粗，哪些需要斜体，PPT以什么样的形式呈现，等等。有了审美追求了，才会让文稿充满独有的安静的节奏感。好看，永远是有意义的。没有“好看”的追求的整理者，是不可能为读者提供最好的阅读感觉的。

总之，给人整理实录，就像给人家的孩子画像。这像啊，不是全部的素描，不是全部的油墨，也不是全部的水彩，而是各种艺术手段的综合。所以，成熟的实录整理者，其实是拥有多种素养的。

第二编

怎样写教学设计、导学案

东方有话说

怎样写教学设计呢？ 我的经验是：

1. 热爱。热爱学生，热爱三尺讲台。

2. 感觉。有感觉的课堂才有生命，师生才能享受课堂，才能在课堂上发挥个性。要想设计的教学方案有灵魂，那就慢一点，好好研读文本。读学生，读课堂，读透，读深，读细，寻找感觉。

3. 紧扣。紧扣课标、教材、生本、文体等，进行多维度思考，设置多角度训练。

4. 聚焦。一节课不可能面面俱到，无从下手时，进行主题式设计，考虑围绕一个主题进行训练，或对相同、相关或不同的主题进行“1 + X”的群文设计。

5. 高潮。我觉得一节课如一出戏，应该有亮点，有人物的矛盾冲突即“高潮”部分。这在课中表现就是学生激情高涨、跃跃欲试，课堂似难以把控的状态。一节课的高潮是激起学生情感的迸发点，也是点燃学生智慧火花的着火点。

6. 树人。体现立德树人，体现文化的涵泳、滋养和疗愈。

写教学设计，具体步骤可以进行 “六问”：

第一问，课标在哪里？

拿到一篇课文，我们先考虑课程标准对这类文体的要求是什么。

第二问，书册在哪里？

这篇课文在哪一学段？承前启后的知识点在哪？这个学段要求学生应掌握什么知识？

第三问，单元在哪里？

主要指单元目标和要求。教者依据单元目标和要求寻找切入点设计课堂训练内容。

第四问，文本在哪里？

紧扣预习提示和课后练习，分清是教读课文还是自读课文。认真研读文本，紧扣文本进行备课。

第五问，学生在哪里？

以学生为主体设置各种课堂活动和课堂训练，把握学情，考究教法。

第六问，你在哪里？

指教师的定位。教师要由主宰者转变为组织者，要将核心知识转化成挑战性学习任务，并安排学习活动。

写教学设计还可以进行最简洁的“四问”：

1. 这篇文章写了什么？（内容、主题、感情等）

2. 为什么写？（知人论世）

3. 怎样写的？（篇章、结构、语言品析等）

4. 为什么要这样写？（写作技巧）

在四个问题中寻找切入点，融入课标、单元要求，寻找情境，寻找能力训练点，考虑怎样让学生易学、乐学。

深度课堂设计的基本范式：

“先学后教”“以学定教”“以评促学”“互学共生”。

任课老师可将新课需要学生预习的内容以前置练习形式提前交给学生，以便更有针对性地组织预习。此外，根据教材内容的难易，亦可采用课前自主预习、单一问题预习或者整体内容预习等方式方法组织学生预习。与此同时，各小组要进行组内预习交流，归纳疑点或发现问题，便于上课时进行组间交流。课前周密认真的预习可以为课堂上师生互动、学生自习、小组探究等提供有力保证。

下面是我依据深度课堂和高效课堂而进行的教学设计和学案实例。

《望岳》教学设计

【教学目标】

1．理解并诵读诗歌；学习古诗诵读的基本方法。

2．初步学习诗歌鉴赏的方法。

3．感悟诗人对祖国山河的热爱和远大的抱负，并结合杜甫其他诗作，激发学生学习其伟大抱负。（群诗设计）

【教学重点】

1．学习古诗诵读的基本方法。

2．初步学习诗歌鉴赏的方法。

【教学难点】结合课后练习和杜甫其他诗作，激发学生学习其伟大抱负。

【教学课时】第 1 课时（共 1 课时）

【教学方法】深度课堂模式

【课前准备】查阅作者资料，进行教学设计，制作 PPT。

放《春夜喜雨》歌曲视频，把学生分成 10 个小组。

【教学过程】

一、 吟读，懂诗韵

同学们，你们知道五华县最高的山是什么山？（生杂说。）

有谁登过这座山吗？这座山留给你的印象是什么？（生杂说。）

今天我们走进一位熟悉的诗人，他也在美好的年龄登山，看看他登山的感受是怎样的。那就是我们要学习的《望岳》，谁能把标题和作者写出来？（板书。）

1．学生大声自由朗读，强调字音，齐读。

2．指导朗读，注意节奏等。

3．学生范读（放录音）、齐读。应该怎样读出感情呢？谁来说下呢？（明确：激越、高昂。）

二、 通读，明诗意

1．作者望见了什么？（配乐）

（师板书：“望”。）

（请每个小组接力发言，发言内容不重复，老师画简笔画，最后把发言写在黑板上。）

所见：峰峦连绵　山色青翠　神奇秀丽　巍峨高大　云气升腾　薄暮鸟（学生可能写的不同。）

眼前展开泰山的鸟瞰图，想象泰山雄伟壮阔的胜景。（穿插泰山风景图。）

2．面对此景，诗人产生了什么想法（感受）？

所感：联想将来攀登顶峰，诗人热情赞美了泰山的神奇秀丽，流露出了对祖国河山的热爱之情。

3．你怎样理解诗歌的最后两句？这两句诗表达了诗人怎样的情感？

表现了诗人不怕困难，欲攀登顶峰俯视一切的雄心和气魄，以及兼济天下的豪情壮志。在理解的基础上再读诗歌。

三、 品读，悟诗情

诗人是怎样写出自己的所见所感的？（写法赏析）

提示赏析角度：炼字、修辞、感情、手法等。

1．岱宗夫如何？齐鲁青未了。

教师引领赏析：设问，烘托。

2．造化钟神秀，阴阳割昏晓。

学生赏析，教师补充：拟人，关键字词，比喻 。

3．荡胸生曾云，决眦入归鸟。

动静、夸张、情景交融。

4．会当凌绝顶，一览众山小。

衬托，虚写。

品读后再次指导朗读，注意重音，语调语速随诗人感受而起伏变化。

四、 深读，解诗魂

1．追问：诗人为什么会写出如此意气风发的诗篇？

要求：阅读杜甫的生平介绍，将与这首诗对应的时代、诗人的经历勾画出来，然后概括原因。

材料链接

杜甫写诗四阶段：20—35 岁，读书游历；35—44 岁，困居长安；45—48 岁，陷贼和为官；48—59 岁，漂泊西南。

唐玄宗开元二十三年（735），杜甫到洛阳应进士举，落第。开元二十四年（736），25 岁的杜甫开始过一种不羁的漫游生活，结交了不少朋友。他北游齐、赵（今河北、山东等地），这首诗便是游泰山时所作，泰山为东岳，杜甫近岳而望，并未登山，故题作《望岳》。

泰山，古称东岳，又名岱山、岱岳、岱宗、泰岳，为五岳之首。泰山拔起于齐鲁丘陵之上，长达二百公里。主峰突兀，山势险峻，峰峦层叠，形成“一览众山小”和“群峰拱岱”的高旷气势。泰山多松柏，更显其庄严巍峨葱郁；又多溪泉，故而不乏灵秀与缠绵。缥缈变幻的云雾则使它平添了几分神秘与深奥。

《望岳》热情地赞美了泰山高大雄伟的气势和神奇秀丽的景色，也透露了诗人早年的远大抱负，历来被誉为歌咏泰山的名篇。

原因：杜甫年轻气盛，朝气蓬勃，积极进取。

泰山的昂扬挺拔给了杜甫无限奋发向上的力量。

当时处于盛唐时期，天下太平，百姓安康。

2. 深入理解诗人情感，模仿杜甫诗人形象再次朗读。吟唱中铭记诗。

五、 拓展，敬诗人

杜甫年轻时的这种雄心壮志有没有影响到他的一生呢，从他的哪些诗可以看出？（可回忆小学学过的诗。）

学生读《春夜喜雨》《闻官军收河南河北》《旅夜书怀》《茅屋为秋风所破歌》，屏幕显示诗，师略简析。

小结杜甫形象：杜甫无时无刻不忧国忧民，诗中有儒家思想，悲天悯人，洋溢着仁民爱物的情怀和浓烈的爱国主义色彩。同时，通过他写诗的风格，也可以看出他是一个以民为本、时刻为国家着想却壮志未酬的人！这样的一个诗人值得我们去敬佩！让我们记住他，学习他年少就有抱负有豪情，学习他不怕困难、欲攀高峰俯视一切的雄心，祖国需要我们时能挺身而出。

总结：

1．通过这节课，我们懂得了诗歌的朗读方法，也懂得了诗歌可从炼字、修辞手法、描写手法等角度赏析。

2．《望岳》抒发了诗人对泰山的喜爱、赞美之情；体现了诗人勇攀顶峰的决心和意欲俯视一切的气概；反映了诗人青年时虽科考失意，却毫不介怀，望泰山以抒发兼济天下的志向。

3．这一志向影响着杜甫的一生，使杜甫成为我们仰慕的人。

六、 我的作业我做主

1．必做题：背诵并用楷书默写《望岳》；搜集、积累杜甫抒写忧国忧民情感的诗句。

2．选做题：为《望岳》谱曲，或寻找合适的曲调，唱出诗歌所传达的积极向上的进取精神。

3．课堂小测

（屏幕显示）

诗中表现作者不怕困难，勇于攀登，俯视一切的雄心壮志的诗句是______________。

诗人直接赞美泰山风光秀美、巍峨高峻的诗句是__________________。

诗中集眼前之景、心中之情的诗句是__________________。当我们登上七目嶂，极目远眺，周围美景尽收眼底，我们不禁会想起杜甫的那句诗：__________________。

（本课是梅州市名师工作室联合研修暨到五华安流中学送教下乡课）

《望岳》导学案

望岳[①]

杜甫

岱宗[②]夫如何？齐鲁青未了[③]。

造化钟神秀[④]，阴阳割昏晓[⑤]。

荡胸生曾云[⑥]，决眦入归鸟[⑦]。

会当[⑧]凌绝顶[⑨]，一览众山小。

① 选自《杜诗详注》卷一（中华书局1979年版）。唐玄宗开元二十四年（736），杜甫曾在齐、赵（今山东、河北一带）漫游，故有此作。

② 岱宗：指泰山。

③ 齐鲁青未了（liǎo）：泰山横跨齐鲁，青色的峰峦连绵不断。齐鲁，春秋时的两个诸侯国，在今山东一带。泰山以北为齐国，泰山以南为鲁国。青，指山色。未了，不尽。

④ 造化钟神秀：大自然将神奇和秀丽集中于泰山。造化，指天地、大自然。钟，聚集。

⑤ 阴阳割昏晓：山的南北两面，一面明亮一面昏暗，截然不同。阴阳，古人以山北水南为阴，山南水北为阳。割，分。

⑥ 荡胸生曾云：层云生起，使心胸震荡。曾，通“层”。

⑦ 决眦（zì）入归鸟：极力张大眼睛远望飞鸟归林。眦，眼角。

⑧ 会当：终当，终要。

⑨ 凌绝顶：登上泰山的顶峰。凌，登上。

【学习目标】

1. 理解并诵读诗歌；学习古诗诵读的基本方法。

2. 初步学习诗歌鉴赏的方法。

3. 感悟诗人对祖国山河的热爱和远大的抱负，并结合杜甫其他诗作，学习其伟大抱负。

【学习重点】

1. 学习古诗诵读的基本方法。

2. 初步学习诗歌鉴赏的方法。

【学习难点】结合课后练习和杜甫其他诗作，学习其伟大抱负。

【课时】第 1 课时（共 1 课时）

【课前准备】查阅作者资料，音频朗读。

【学习过程】

一、 课前预习

1. 查阅作者相关资料，了解作者生平。

2. 朗读课文，根据注释，整体感知课文内容。

二、 预习检查（或自学交流）

1. 字音

（1）岱宗（　　）　（2）未了（　　）　（3）决眦（　　）　（4）夫（　　）

2. 解释加点字词

（1）齐鲁青未了（　　　）　（2）造化钟神秀（　　　）

（3）阴阳割昏晓（　　　）（　　　）　（4）荡胸生曾云（　　　）

（5）会当凌绝顶（　　　）（　　　）

3. 熟读全诗，借助翻译书理解句意，把你理解的句意写在诗句的右面，划分节奏，掌握诗歌大意

望岳

岱宗夫如何？齐鲁青未了。____________________

造化钟神秀，阴阳割昏晓。____________________

荡胸生曾云，决眦入归鸟。____________________

会当凌绝顶，一览众山小。____________________

4. 作者简介：杜甫，字子美；号少陵野老；世称杜工部；人称“诗圣”。他是我国文学史上伟大的现实主义诗人，与李白并称“李杜”。他的诗歌大胆地揭露了当时统治集团的腐朽，广泛而尖锐地反映出人民的苦难和社会矛盾，内容深刻。他的许多优秀作品展示了唐代由盛转衰的历史过程，因此他的诗被称为“诗史”。

三、 导入新课

1. 导入语：略。

2. 释题。

四、 吟读，懂诗韵

1. 播放录音，学生朗读。注意诗歌的韵律、节奏感，正音正字。

2. 指名读课文，学生互相评议，教师从节奏、语调、情感等方面加以指导。

3. 师生同读，多媒体显示朗读节奏、重音，要求学生读出感情。

五、 通读，明诗意

1. 全诗围绕哪一个字展开？

作者望见了什么？（配乐）

（用自己的话来回答，请每个小组接力发言，发言内容不重复。）

眼前展开泰山的鸟瞰图，想象泰山雄伟壮阔的胜景。

2. 面对此景，诗人产生了什么想法（感受）？

所感：（略。）

3. 你怎样理解诗歌的最后两句？这两句诗表达了诗人怎样的情感？

4. 在理解的基础上吟唱、背诵诗歌。

六、 品读，悟诗情

诗人是怎样写出自己的所见所感的？（写法赏析）

提示赏析角度：炼字、修辞、描写手法等。

品读后再次指导朗读，注意重音，语调语速随诗人感受而起伏变化。

七、 深读，解诗魂

1. 追问：诗人为什么会写出如此意气风发的诗篇？（知人论世）

要求：阅读杜甫的生平介绍，将与这首歌对应的时代、诗人的经历勾画出来，然后概括原因。

材料链接

杜甫写诗四阶段：20—35岁，读书游历；35—44岁，困居长安；45—48岁，陷贼和为官；48—59岁，漂泊西南。

唐玄宗开元二十三年（735），杜甫到洛阳应进士举，落第。开元二十四年（736），25岁的杜甫开始过一种不羁的漫游生活，结交了不少朋友。他北游齐、赵（今河北、山东等地），这首诗便是游泰山时所作，泰山为东岳，杜甫近岳而望，并未登山，故题作《望岳》。

泰山，古称东岳，又名岱山、岱岳、岱宗、泰岳，为五岳之首。泰山拔起于齐鲁丘陵之上，长达二百公里。主峰突兀，山势险峻，峰峦层叠，形成“一览众山小”和“群峰拱岱”的高旷气势。泰山多松柏，更显其庄严巍峨葱郁；又多溪泉，故而不乏灵秀与缠绵。缥缈变幻的云雾则使它平添了几分神秘与深奥。

《望岳》热情地赞美了泰山高大雄伟的气势和神奇秀丽的景色，也透露了诗人早年的远大抱负，历来被誉为歌咏泰山的名篇。

原因：杜甫年轻气盛，朝气蓬勃，积极进取。

泰山的昂扬挺拔给了杜甫无限奋发向上的力量。

当时处于盛唐时期，天下太平，百姓安康。

明确原因：

（屏幕显示）

2. 深入理解诗人情感，模仿诗人形象再次朗读。

八、 拓展，敬诗人

诗人年轻时的这种雄心壮志有没有影响到他的一生呢，从他的哪些诗可以看出？（可回忆小学学过的诗）

春夜喜雨	闻官军收河南河北	旅夜书怀
好雨知时节，	剑外忽传收蓟北，	细草微风岸，
当春乃发生。	初闻涕泪满衣裳。	危樯独夜舟。
随风潜入夜，	却看妻子愁何在，	星垂平野阔，
润物细无声。	漫卷诗书喜欲狂。	月涌大江流。
野径云俱黑，	白日放歌须纵酒，	名岂文章著，
江船火独明。	青春作伴好还乡。	官应老病休。
晓看红湿处，	即从巴峡穿巫峡，	飘飘何所似，
花重锦官城。	便下襄阳向洛阳。	天地一沙鸥。

简介杜甫形象：（略。）

我的收获：通过这节课学习，你得到了什么？

九、 我的作业我做主

1. 必做题：背诵并用楷书默写《望岳》；搜集、积累杜甫抒写忧国忧民情感的诗句。

2. 选做题：为《望岳》谱曲，或寻找合适的曲调，唱出诗歌所传达的积极向上的进取精神。

3. 课堂小测。

《背影》教学设计

【教学目标】

1．有感情地朗读课文，理解掌握一些词语。

2．学习本文抓住人物形象的一个特征——“背影”，在特定的环境下进行细致描写的特点。

3．感受父子情深，体会父爱的深沉与伟大，感恩父母。

【教学重点】品味本文抓住人物形象的一个特征——“背影”，进行细致描写的特点，领会父子情深。

【教学难点】二、三段在全文中的作用。

【课时】第 1 课时（共 2 课时）

【教学方法】“211”高效课堂模式（讲授法、朗读法、展示法……）

（关于“211”高效课堂模式：为进一步实施课堂教学改革，努力实现高效课堂教学，特制定“211”高效课堂模式实施方案。“2”指“两学”，学生自己学，学生分小组合作学；第一个“1”就是展示，在小组内或班内展示学习成果；第二个“1”即是在课堂内检测学习效果，以提高学习效率，让学生学得更好，提高学生分析问题、解决问题和创新的能力。）

【教学过程】

课前预习

一、 基础积累

1．字音

差使（　　　）　交卸（　　　）　奔丧（　　　）　狼藉（　　　）

簌簌（　　　）　赋闲（　　　）　妥帖（　　　）

踌躇（　　　）　蹒跚（　　　）　照看（　　　）

颓唐（　　　）　琐屑（　　　）　举箸（　　　）

2. 字形

狼 jí（　　　）　pán shān（　　　）　sù sù（　　　）

3．根据意思写出相应的词语

乱七八糟的样子　　纷纷落下的样子

凄惨暗淡，不景气　　失业在家

短时间停留　　言行守旧，不合时宜

衰颓败落　　看到某种情况，心里感到悲伤

感情积在心里不得发泄　　细小而繁多（的事）

二、作者简介

朱自清（1898—1948），字佩弦，江苏扬州人，散文家、诗人、学者、民主战士。有诗文集《踪迹》《欧旅杂记》以及一些文艺论著，他的作品收在《朱自清文集》里。

三、我的疑难

仔细阅读文本，勾画出你一时没能理解的语句或文段，并提出来与大家一道讨论。

合作探究

一、创设情境，情感导入

（出示背影画。）

师：大家好，让我们来看一幅画，这画的是什么呢？（一个背影，一个戴着黑布小帽，穿着黑布大马褂，深青布棉袍的背影。）

（齐读标题“背影”2遍。）

师：这个背影是人们读了著名散文家朱自清的《背影》留下了深刻的印象而画下来的。谈到朱自清，想想我们学过他哪一篇文章。

师：对，《春》！谁能介绍一下作者。

师：那么朱自清的《背影》与你们记忆中的背影有哪些不同呢？请大家用自己喜欢的方式有感情地朗读课文，快速识别文中描写背影的词句，标出描写背影的段落，看哪组成员找得又快又好。

二、预习成果展示

（略。）

三、自主学习，合作探究（小组交流，推荐代表发言）

小组讨论交流以下问题：

1．背影在文章中共出现了几次？请在课文中圈画出来。

2．用四个字概括背影及相关事件，讨论通过背影体现什么感情。

3．你认为哪个背影最感人、最能体现父亲对儿子真挚的爱？在这段描写中，哪些词语用得好？（提示：找动词、形容词。）为什么？

4．文章是通过背影写父亲的爱子之情，为何要写与此似无多大关系的第二、三段？第二、三段写了当时的家庭境况，请从文中圈画出这些句子，为什么要写这些？

5．讨论：该用怎样的语调来朗读第二、三段。（推荐一个成员来配乐领读。）

情景再现：每一个背影都有一个动人的故事，从这背影你会联想到哪些人的背影？也许是亲人，也许是朋友。他们的背影是怎样的？（请你用3分钟写下来并和同学畅谈。）

教师下水示例：

记得高一的那一天，父亲到学校找我，告诉我他脖子上长的疙瘩是瘤，要去广州看病。父亲离开时回头望着我，眼神里充满着关切和不舍，脖子上的瘤随着回头膨胀伸缩着，脸上的表情暗含着疼痛。父亲的背影渐渐远去，但他的肩膀依旧宽大，他的腰依旧圆润，他的背依旧挺拔，只是走路有点慢，没了以往的神气……父亲就这样一步一回头地走着，直到背影消失在我的视线里。我没想到，这竟是父亲最后的背影，从此父亲再也没有回来。

四、 课堂检测

1．精选挑读：看第六段朗读视频，学生有感情朗读。

2．第六段动词准确精当，请根据课文填空。

我看见他____着黑布小帽，____着黑布大马褂，深青布棉袍，蹒跚地____到铁道边，慢慢____身下去，尚不大难。可是他____过铁道，要____上那边月台，就不容易了。他用两手____ 着上面，两脚再向上____；他肥胖的身子向左微____，显出努力的样子，这时我看见他的背影，我的泪很快地____ 下来了。

3．总结归纳：

①这篇文章以什么为线索？

②主要写谁？怎样写的？

③反映的主题是什么？

五、 布置作业

1．父母是我们生命中最重要的人，回家后细致地去观察、记下父母的背影。

2．反复朗读课文，体会课文抒发的感情

3．完成课后小测一、二题。

附一：板书设计

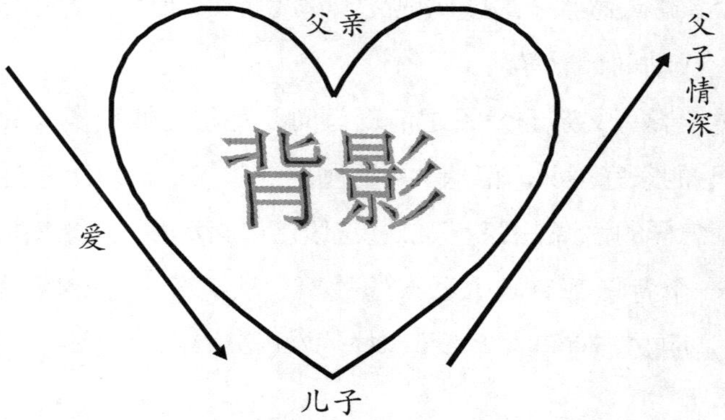

附二：刻画人物的方法

1. 肖像描写：人物的肖像主要指人物的外貌，包括人物的容貌、服饰、姿态和神情等等。

2. 语言描写：通过对人物对话、独白及语气的描写，以表现人物的身份、思想、感情和性格。

3. 动作描写：通过描写人物富有特征性的动作行为，以表现人物的的性格、品质、身份、地位、处境、状态。

4. 心理描写：对人物在一定的环境下产生的想法、感触、联想等内心的思想情感活动的描写，它旨在深刻地揭示人物的精神世界和思想品质。

5. 神态描写：描写人的面部表情，包括眼神、脸色、精神状态。

6. 细节描写：抓住生活中细微而又具体的典型情节，加以生动细致的描绘，它具体渗透在对人物、景物或场面描写之中，包括动作、心理、神态等方面的细节描写。

（本设计现场借班授课，获得2017年兴宁市现场教学比赛第一名）

《写给母亲》教学设计

【教学目标】

1. 理解散文中细节描写的精妙，领会朴实却饱含深情的语言。
2. 赏析散文中作者忍而不发的情感。
3. 培养青少年的感恩之心。

【教学重点】通过学习本文学会细节描写的运用；感受母爱。

【教学难点】体会作者在情感上忍而不发的表达方式。

【教学方法】“211”高效课堂模式（自主学习、合作探究、省时高效）

【课时安排】第1课时（共2课时）

【教学过程】

课前预习

一、 基础积累

1. 字音

喷嚏（　　）　　接茬（　　）　　原模（　　）原样

2. 字形

户 jí（　　）　　huǎng hū（　　）　　dīng níng（　　）

3. 解释词语

叮咛：　　提心吊胆：

接茬：　　啰啰嗦嗦：

二、 作者简介

贾平凹（wā），原名贾平娃，陕西省商洛市丹凤县人。陕西省作协主席，中国书协会员，当代著名作家。贾平凹是我国当代文坛屈指可数的文学大家和文学奇才，是当代中国最具叛逆性、最富创造精神的作家之一，也是当代中国可以进入中国和世界文学史册的为数不多的著名文学家之一。他被誉为“鬼才”。代表作有《秦腔》《高兴》《心迹》《爱的踪迹》《废都》等，曾获多次文学大奖。作品《我不是个好儿子》《月迹》《落叶》入选中学教材。

三、 反复诵读文本，整体感知，理清思路（注意表示时间的词语）

第一部分（第1段）：

第二部分（第2—4段）：

第三部分（第6段）：

四、 我的疑难

仔细阅读文本，写旁批，勾画出你一时没能理解的语句或文段，并提出来与大家一道讨论。

<u>合作探究</u>

一、 以旧引新，设疑导入：（放背景音乐，创设氛围）

师：同学们，初中阶段你们学过的写母亲的文章有哪些？抒发了什么感情？

生：朱德《回忆我的母亲》，抒发了自己对母亲的深深怀念和无比崇敬之情；季羡林《永久的悔》抒发了对母亲深切的思念，让我们感受到“树欲静而风不止，子欲养而亲不待”的悔恨之情；林莉《小巷深处》抒发了作者对母爱深沉无私的感激之情。

师：今天，我们将要学习的课文也是有关于母亲的故事的，现在，就让我们一同走进贾平凹和他母亲的世界。（板书课题：《写给母亲》贾平凹。）

二、 预习成果展示

（略。）

三、 初读课文，整体感知（小组交流，推荐代表发言）

用自己喜欢读的方式快速阅读课文。（或默读或跳读，用笔勾画关键性词语。）

思考：作者为什么要写这篇文章给自己母亲？写作目的是什么？

明确：母亲去世，倾吐思念。

深入探究：（略。）

四、 再读课文，分析写法

文章多处运用细节描写，找一找在母亲去世后作者回忆了哪些与母亲有关的细节。这些细节描写有何作用？

明确：作者在“打喷嚏”和“写作时”采用了细节描写，表现了母亲对“我”的疼爱和“我”对母亲的怀念。

（生齐读细节描写的句子。）

五、 精读课文，品味情感

精读文章，作者一直坦然接受母亲的去世吗？从哪些句子可以看出来？

明确：不坦然、不接受、不承认，理智地克制自己。

1. 喷嚏一打，便想到我妈了，认定是我妈还在牵挂我哩。

2. 我也是觉得我妈还在，尤其我一个人静静地呆在家里，这种感觉就十分强烈。

3. 我常在写作时，突然能听到我妈在叫我，叫得很真切。

4. 自言自语我妈是来了，或许，她在逗我，故意藏到挂在墙上的她那张照片里。

5. 我一次又一次难受着又给自己说，我妈没有死，她是住回乡下老家了。

6. 又宽慰着我妈在乡下的新住处中，应该是清凉的吧。

（有感情朗读。）

六、 精选听读

作者对母亲的思念和爱为何能表达得如此至情至深？请欣赏斯琴高娃的朗读。放《朗读者》的《写给母亲》视频，边听边思考：文章语言有什么特点？听完后你有什么样的感受？

明确：朴实的语言、真挚的感情；自述的特点；听完后很感动，感觉母爱很伟大。

七、 精选挑读

配乐：《神秘园之歌》（*Secret Garden*）之中的歌曲《田园曲》（*Pastorale*）。

朗读第二段：体会母子之情（场景描写）。

1. 圈点勾画表现“我”的动词（细节描写）。

2. 读第三段最后一句话。想象叮咛的话，2 分钟写。

八、 反首为尾，领悟升华

如果把文中最后一段变成文章的开头，这样写好吗？为什么？

明确：不好，因为作者的情感是随着二周年的接近，从理智克制到决堤爆发，水到渠成地表达自己内心的深切悲痛。（深情再读）

九、 当堂训练，拓展延伸

1. 先让同学们说说各自的母亲，有没有类似作者母亲这样疼爱了女的细节，再进行仿写。

当我<u>写作久了</u>时，母亲就对我说：<u>出去转转吧</u>。

当我 ________ 时，母亲就 ________。

2. 看《朗读者》的《写给母亲》视频最后几秒并总结。

十、 学生总结，归纳全文

（略。）

十一、 布置作业

1. 父母是我们生命中最重要的人，请你认真观察父母，写一个生活片段（用上场景描写）。

2. 敞开心扉，写出你和母亲的小故事（用上细节描写）。

3. 拥抱母亲，对母亲说声："您辛苦了，我爱您！"

附： 板书设计

写给母亲

⇓

为什么写	写了什么	怎么抒情
⇓	⇓	⇓
母亲去世	打喷嚏（细节）	理智克制
倾吐思念	写作时（细节）	决堤爆发

（2017 年现场抽课外散文进行现场教学比赛，本课获梅州市一等奖）

《写给母亲》导学案

写给母亲

贾平凹

人活着的时候，只是事情多，不计较白天和黑夜。人一旦死了日子就堆起来：算一算，再有二十天，我妈就三周年了。

三年以前我每打喷嚏，总要说一句：这是谁想我呀？我妈爱说笑，就接茬说：谁想哩，妈想哩！这三年里，我的喷嚏尤其多，往往错过吃饭时间，熬夜太久，就要打喷嚏，喷嚏一打，便想到我妈了，认定是我妈还在牵挂我哩。我也是觉得我妈还在，尤其我一个人静静地待在家里，这种感觉就十分强烈。我常在写作时，突然能听到我妈在叫我，叫得很真切，一听到叫声我便习惯地朝右边扭过头去。从前我妈坐在右边那个房间的床头上，我一伏案写作，她就不再走动，也不出声，却要一眼一眼看着我，看得时间久了，她要叫我一声，然后说：世上的字你能写完吗，出去转转么。现在，每听到我妈叫我，我就放下笔走进那个房间，当然是房间里什么也没有，却要立上半天，自言自语我妈是来了，或许，她在逗我，故意藏到挂在墙上的她那张照片里，我便给照片前的香炉里上香，要说上一句：我不累。

整整三年了，我给别人写过十多篇文章，却始终没给我妈写过一个字，因为所有的母亲，儿女们都认为是伟大又善良，我不愿意重复这些词语。我妈是一位普通的妇女，缠过脚，没有文化，户籍还在乡下，但我妈对于我是那样的重要。已经很长时间了，虽然再不为她的病而提心吊胆了，可我出远门，再没有人啰啰嗦嗦地叮咛着这样叮咛着那样，我有了好吃的好喝的，也不知道该送给谁去。

在西安的家里，我妈住过的那个房间，我没有动一件家具，一切摆设还原模原样，而我再没有看见过我妈的身影。我一次又一次难受着又给自己说，我妈没有死，她是住回乡下老家了。今年的夏天太湿太热，每晚被湿热醒来，恍惚里还想着该给我妈的房间换个新空调了。待清醒过来，又宽慰着我妈在乡下的新住处里，应该是清凉的吧。

三周年的日子一天天临近，乡下的风俗是要办一场仪式的，我准备着香烛花果上坟，现实告诉着我，妈是死了，我在地上，她在地下，阴阳两隔，母子再也难以相见，顿时热泪肆流，长声哭泣啊。

【教学目标】

1．理解散文中细节描写的精妙，领会朴实却饱含深情的语言。

2．赏析散文中作者忍而不发的情感。

3．培养青少年的感恩之心。

【教学过程】

课前预习

一、基础积累

1．字音

喷嚏（　　）　　接茬（　　）　　原模（　　）原样

2．字形

户 jí（　　）　　huǎng hū（　　）　　dīng níng（　　）

3．解释词语

叮咛：　　提心吊胆：

接茬：　　啰啰嗦嗦：

二、作者简介

贾平凹（wā），原名贾平娃，陕西省商洛市丹凤县人。陕西省作协主席，中国书协会员，当代著名作家。贾平凹是我国当代文坛屈指可数的文学大家和文学奇才，是当代中国最具叛逆性、最富创造精神的作家之一，也是当代中国可以进入中国和世界文学史册的为数不多的著名文学家之一。他被誉为“鬼才”，代表作有《秦腔》《高兴》《心迹》《爱的踪迹》《废都》等，曾获多次文学大奖。作品《我不是个好儿子》《月迹》《落叶》入选中学教材。

三、反复诵读文本，整体感知，理清思路（注意表示时间的词语）

第一部分（第 1 段）：

第二部分（第 2— 4 段）：

第三部分（第 6 段）：

四、我的疑难

仔细阅读文本，写旁批，勾画出你一时没能理解的语句或文段，并提出来与大家一道讨论。

课堂学习

一、预习成果展示

（略。）

二、初读课文，整体感知（小组交流，推荐代表发言）

用自己喜欢读的方式快速阅读课文。（或默读或跳读，用笔勾画关键性词语。）

思考：作者为什么要写这篇文章给自己母亲？写作目的是什么？

三、再读课文，分析写法

文章多处运用细节描写，找一找在母亲去世后作者回忆了哪些与母亲有关的细节。这些细节描写有何作用？

（生齐读细节描写的句子。）

四、精读课文，品味情感

精读文章，作者一直坦然接受母亲的去世吗？哪些句子可以看出来？

细细品味以下场景和细节：

1．“我常在写作时，突然能听到我妈在叫我，叫得很真切，一听到叫声我便习惯性地朝右边扭过头去”。

2．“我”放下笔去找母亲，“立上半天”“自言自语”，给照片前的香炉上香，并说上一句“我不累”。

3．“去坟上”，想到“母子再也难以相见”时，隐忍许久的热泪便如开闸之水肆意流淌，痛哭嚎啕。

五、反首为尾，领悟升华

如果把文中最后一段变成文章的开头，这样写好吗？为什么？

六、思考：作者写给母亲什么？是怎样写的？为什么要写这些？

通过学习这篇文章你有什么收获？

七、布置作业

1．父母是我们生命中最重要的人，请你认真观察父母，写一个生活片段（用上场景描写）。

2．敞开心扉，写出你和母亲的小故事（用上细节描写）。

3．拥抱母亲，对母亲说声：“您辛苦了，我爱您！”

八、 课后调查

你爱你的妈妈吗？你是否了解你妈妈？

1．你妈妈的生日是____________

2．你妈妈穿____________码鞋

3．你妈妈喜欢的颜色是____________

4．你妈妈喜欢的食物是____________

5．你妈妈最需要的是____________

附：细节描写和场景描写

1．细节描写是指抓住生活中的细微而又具体的典型情节，加以生动细致的描绘，它具体渗透在对人物、景物或场面描写之中，包括动作、心理、神态等方面的细节描写。

2．场景是指在某一时间和地点，由一定的人物和人物活动组成的生活画面。恰当而巧妙的场景描写，可以在文章中起到重要的渲染作用。把人物置身于这样的场景中，能够构成鲜活的生活画面。场景描写一般由“人”“事”“境”构成，是事情发展中人物表现的背景，情与景交融，人物在这样的背景中出现，能更好地展现人物内心世界，使人物形象更加栩栩如生。

《虞美人》教学设计

【教学目标】

1. 通过反复诵读、古词新唱去感悟思想内容。

2. 通过精选听读去感受词人的情感。

3. 通过品读去领悟词人是如何抒发自己的情感的。

【教学重点】朗读品味李煜诗词所蕴含的真挚情感。

【教学难点】体味词人抒情的方法。

【课时安排】1课时（共1课时）

【教学方法】

1. 多媒体教学，创设情境，增加课堂教学容量。

2. 采用自主合作探究的学习方式，让学生真正参与课堂，激发他们学习诗词的兴趣；反复诵读，古词新唱中深入体会词情并当堂成诵。

【教学过程】

一、 情境导入

师：上课之前，让老师为同学们吟唱一首歌！（唱《虞美人》。）

老师唱的是哪首词，你们知道是谁写的吗？

生：《虞美人》、李煜。

师：哪个同学能把这首词的标题和作者写在黑板上？今天我们一起走进这位南唐后主的内心世界。

二、 作者简介

学生齐读作者简介。

三、 诵读明字音、节奏

1. 举手朗读，同学评价。

2. 师做诵读指导。

春花/秋月/何时了？往事/知/多少。小楼/昨夜/又东风，故国/不堪回首/月明中。

雕栏玉砌/应犹在，只是/朱颜/改。问君/能有/几多愁？恰似/一江春水/向东流。

3. 再读（配乐朗读）。

4. 模仿朗读（阶下囚口吻）。

四、 读中揣意（自主学习）

1. 用自己喜欢的方式朗读，揣摩词的意思。

2. 读中讨论，试译全文。

五、 听读悟情，精读细品

1. 听名家朗读，领悟情感。

2. 一首词要读出意味，必须把握全词的情感核心。这首词哪个字可概括情感呢？

生：愁。

3. 李煜的愁有哪些？

（生讨论并回答，教师小结板书。）

明确：往事之叹、亡国之恨、离家之痛、思家之苦。

4. 哪些地方最能看出词人的故国之思？

（1）“小楼昨夜又东风”“恰似一江春水向东流”（东风自故国吹来，春水向故乡流去）。

（2）“往事知多少”（锦衣玉食的生活、后宫如云的佳丽、尊严、自由、生存的安全感）。

（3）“故国不堪回首月明中”“春花秋月何时了”。

5. 品味欣赏名句“问君能有几多愁？恰似一江春水向东流”。

运用了设问、比喻、夸张的修辞手法。

6. 这层层叠叠、铺天盖地的“愁”接踵而至，词人在文中是如何表现出来的？

（生回答，教师小结形成板书。）

明确：见下面板书设计

唱读中铭记

7. 学生看着邓丽君古词新唱视频——《几多愁》，跟唱。

六、 拓展迁移

在李煜的创作中，浸染着这种泣血之愁的词作还有很多，我们去了解几首。

（观看宋词十家《李煜》，简析视频内容。）

七、 背诵检测、作业布置

1. 抄写并赏析这首词。

2. 配乐背诵另外几首李煜词。

附： 板书设计

虞	景	春花、秋月、小楼、东风	实
美			
人	情	离愁别绪、亡国之恨	虚
	情景交融		虚实结合

（本课获梅州市2018年“优课晒课”一等奖）

大家一起享受这次“奇葩”之旅
——我们的互联网时代教学设计

【教学目标】

1. 认识分析网络流行词语，正确对待网络流行语。
2. 认识电子阅读的优缺点，明确电子阅读不能代替传统阅读。
3. 扬长避短，有效地利用互联网学习语文，并让互联网服务于我们的生活。

【教学重点】 正确对待网络和网络流行语，明确电子阅读不能代替传统阅读。

【教学难点】 有效地利用互联网学习语文。

【教学方法】 搜集法、整理法、展示法、合作法、讨论法

【教学课时】 1 课时

【教学过程】

课前预习

一、 网络词语小研讨（小组合作）

1. 搜集网络词语，弄清意思，弄清楚前世今生。
2. 整理进入工具书的网络词语、现在较少用的网络词语，讨论为什么有这种情况。

二、 电子阅读面面观

1. 完成以下问卷调查，课代表收集整理，在课上展示。

关于电子阅读的问卷调查表

问卷内容	意　见	备注
您使用电脑或手机阅读书报吗？		
您喜欢这种阅读方式吗？		
您花费在电子阅读上的时间是多少？		
您进行电子阅读的方式或途径是什么？		

（续表）

问卷内容	意　见	备注
您的电子阅读和纸质阅读在阅读中所占的比重各是多少？		
您对电子阅读的态度和意见（包括拥护的和反对的）		

小组研讨：电子阅读会不会替代传统阅读？

三、 用互联网学语文（合作探究）

1. 讨论如何正确对待网络。（全班）

2. 讨论如何善用互联网查询资料，制作一本题为《关于散文》的小册子。（班长收集整理。）

3. 讨论如何进行网络学习。

合作探究

一、 创设情境，情感导入（由两名学生主持）

（主持人）甲：同学们，你们都有自己的微博吗？你们会用微信、QQ 聊天吗？你们会在网上查阅学习资料和娱乐吗？相信大家都有过这些经历吧！

（主持人）乙：互联网已成为我们生活中不可或缺的东西，网上浏览、娱乐、游戏、聊天、视频、购物、晒图等等，真是“应有尽有”，方便之极！

合：互联网正在潜移默化地影响着我们的生活方式、学习方式、交往方式，我们在享受互联网带来的便利时，也要思考随之而来的种种问题。那么全民总动员，让我们一起享受这次“奇葩”之旅！我宣布初二（3）班我们的互联网时代综合性学习活动正式开始。

二、 享受这次“奇葩”之旅

（主持人）甲：第一项活动是网络词语小研讨。

（主持人）乙：下面进行抢答环节——我说你答。

你知道“月光族”“工匠精神”“蓝瘦、香菇””“点赞”“吐槽”“抢沙发”“萌萌哒”“3Q”“喜大普奔”这些网络词语的意思吗？（主持人逐个说。）

（主持人）甲：下面进行接力赛，你们搜集到的网络词语有哪些？请推荐小组代表在黑板上进行接力书写并解释含义。

（主持人）乙：这些网络词语中有些一直在用，而有些现在已经很少使用了，这又是为什么呢？请同学们各抒己见。

（小组代表上台分析。）

（主持人）甲小结：这些词语受“冷落”的原因主要是：随着时代的发展、社会的进步，这些词语已显过时；其次是年轻人喜欢猎奇，追求新鲜感，而这些词语很多人在网络上运用，已无新意可言，因而被冷落在所难免。

（主持人）乙：写作文能否使用网络词语？作文中可以使用什么样的网络词语？应如何规范地使用网络词语？

（5 分钟自由辩论时间。）

（主持人）甲小结：网络词语有利也有弊，在上网过程中可以吸取一些健康向上的网络词语，在平常与人交谈时用来活跃气氛。可是遇到那些低俗的网络词语，就一定要坚决抵制，以免误入歧途。

师小结：

（屏幕显示）

网络语言的随意性太大，不稳定，只是年轻人时髦的“文字游戏”，在平时生活中或上网时偶尔用用可以，但在作文里尽量避免使用。大家用一种正确的态度看待和使用网络词语，网络语言就会向着丰富活泼、健康的方向发展。

（板书）

正确看待、使用

（主持人）乙：我们的网络词语小研讨就先到这，第二项活动是电子阅读面面观。

（屏幕显示）

互联网时代，电子阅读已经成为阅读的一种常见方式。公交车上，地铁里，公园的长椅上，越来越多的人埋头注视着一块块屏幕，浏览各种信息。你会用电脑或手机阅读书、报吗？你喜欢这种阅读方式吗？在你看来，电子阅读有什么优缺点？

（主持人）甲：请科代表展示你的问卷调查结果。

（主持人）乙：电子阅读会不会代替传统阅读？谈谈你的看法。

师小结：

（屏幕显示）

电子阅读相比于传统阅读有很多的缺点和不足，所以，电子阅读是无法取代传统阅读的。但是，如果能够将二者有机结合，取长补短，就可以更好地满足人们对学习与阅读的需要。

（主持人）甲：第三项活动是用互联网学语文。互联网最大的优势就是信息丰富，搜索快捷。其实互联网也是一把双刃剑。

（主持人）乙：我们该如何正确对待网络呢？请大家畅所欲言。

（屏幕显示）

网络的积极影响：

1. 可以开阔视野；

2. 可以对外交流；

3. 可以促进青少年个性化发展；

4. 可以促进中学生的学业；

5. 可以掌握最新的教育动态。

网络的负面影响——过分迷恋网上聊天、游戏或不良网站：

1. 造成精神颓废，荒废学业；

2. 影响身心健康，影响人际交往；

3. 造成经济负担；

4. 影响思想道德观念，甚至走上违法犯罪道路。

（主持人）甲：善用互联网，有效利用其中海量的信息，可以扩大视野，提高学习的效率；不善用它，沉迷其中，把时间花在游戏和无意义的浏览、聊天上，会造成时间和精力的浪费。那么，如何有效进行网络学习呢？

（主持人）乙：我们来看看网络搜索有哪些技巧。

（屏幕显示以下内容并讲解）

网络搜索技巧：

1. 选择合适的搜索引擎；

2. 注意精选关键词；

3. 善用网络求助；

4. 学会浏览和筛选。

（主持人）甲：请班长展示制作的题为《关于散文》的小册子。

班长在屏幕上展示如下：

1. 散文的概念：散文是一种作者写自己经历见闻中的表达真情实感的灵活精干的文学体裁。

2. 散文的特点

（1）形散神聚

（2）意境深邃

（3）语言优美凝练，富于文采

3. 散文的历史：散文可以追溯到甲骨文，是和诗歌、戏剧、小说并列的文学体裁；它包括政论、史论、传记、游记、书信、日记、奏疏、小品、表、序等各体论说、杂文，是语言艺术文学体裁的典范，具有很高的审美价值。在长期流传过程中，散文浇灌了各个时代的文学园地，也灌溉了历代文人，至今仍使人们受益。

4. 散文的分类：散文主要分叙事性散文、抒情散文、哲理散文、议论性散文等四类。

5. 散文的阅读策略

（1）进行整体阅读，把握文章大意

（2）抓住重点句段，理清行文脉络

（3）分析表达技巧，品味隽永语言

（4）感受思想情感，领悟内涵主题

师总结：互联网拉近了全人类的距离，深刻影响了人类社会的结构，改变了几百年甚至几千年来人类生活、工作、学习的方式。每个人都离不开网络，但它是把双刃剑，有利也有弊。我们要正确看待、正确运用互联网带来的一切，让网络为我们的生活服务，为我们学习语文服务。

（主持人）甲：最后我们以《全国青少年网络文明公约》来结束今天的课。

齐读：

要善于网上学习，不浏览不良信息。

要诚实友好交流，不辱骂欺诈他人。

要增强自护意识，不随意约会网友。

要维护网络安全，不破坏网络秩序。

要有益身心健康，不沉溺虚拟时空。

要树立良好榜样，不违反行为准则。

生：我宣布初二（3）班《我们的互联网时代》综合性学习活动结束。

三、 作业设计

1. 网络时代，取一个好的网名，既能展示自己独特的个性，又能体现高雅的志趣，如“夜雨时”“柳暗花明”等。请你给自己取一个别致、有诗意的网名，并说说它的由来和含义。

2. 请为自己写一段个性签名。

附： 板书设计

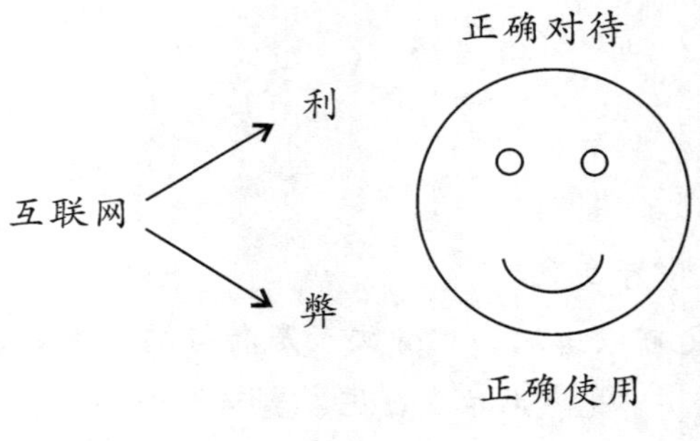

（本课是综合性学习探索的一个课例）

第三编

怎样写“下水作文”

东方有话说

1. 什么是“下水作文”：

“教师下水”是叶圣陶先生1961年在为《文汇报》写的《教师下水》一文中倡导的。叶先生认为：“语文老师练笔，通讯社人员练笔，目的并无不同，都是为做好所担任的工作。”因此，他主张教师“下水”，并对教师“下水作文”做了进一步阐释：语文老师教学生作文，要是老师自己经常动动笔，或者做跟学生相同的题目，或者另外写些什么，就能更有效地帮助学生，加快学生的进步。经常动动笔，用比喻的说法，就是“下水”。这无非希望教师深知作文的甘苦，知其然又知其所以然。这样在指导学生写作的时候，才能做到得心应手，给学生最有益的启发、最实用的经验。

2. 写“下水作文”的目的：形成示范、引领，指导。

3. 写“下水作文”的要素：教学生怎样拟题、怎样审题立意、怎样谋篇布局、怎样提升语言表达等。

4. 写“下水作文”的形式：“片断式下水”“全篇式下水”“搭桥式下水”“病文式下水”等。

5. “下水作文”的创作须遵循以下原则：真实性、典范性、易学性、普遍性。

6. 写“下水作文”的好处：更好地指导学生写作，提升教师个人的专业素养，形成自己的研究成果；走进学生心里，在和学生共情中使自己活得青春、靓丽。

7. “下水作文”的误区：“炫技”，一定要超越学生，认为不能写“病文”。

下面附几篇作文指导和“下水作文”。

广东省中考作文写作指导及下水作文

广东省2021年中考作文：

以“这才是少年应有的模样”为结尾写一篇文章，题目自拟，文体不限，不少于500字。

【写作指导】

少年！我们一起嗨！

少年：没想到作文题这么简单。预想中会设置审题障碍，有一大段文字出来，然后才引出作文要求。

老师：走向成功的第一步要审题，离题将“死无葬身之地”！

少年：审啥？

老师：我们先审提示语“以‘这才是少年应有的模样’为结尾”，切记一定要放在结尾句，且不能改原句！

少年：中，这个我对上了！

老师：再审题干，“以‘这才是少年应有的模样’为结尾”暗示是情境式作文或者叫任务驱动式作文，写时要注意“这”“才是”“应有”，体现一个认识变化的过程！还要注意是“少年”“模样”。

少年：我只是把我认为的少年模样列了出来，谁还考虑他原来啥样？呜！这回我怕是“上错花轿”了！

老师：后审要求，这次作文张扬个性，想写啥文体就写啥文体。少年你就大胆地嗨吧！但切忌啥啥分不清楚！数字方面，你就大胆地吹吧，吹够六七百的字就更好。

少年：题目自拟，嘿嘿，我懒得动脑。我看“这才是少年应有的模样”就很不错！

老师：呵呵，标题是你的第一道眼睛，拟吧！不要放弃这个加分的机会！

少年：记得你说“人无我有，人有我新”“剩饭炒三回，连狗都不闻”，这回我咋一片蒙呢。我不知该怎样才能立出新意。

老师：要体现积极的正能量的少年模样！可爱国、爱党、助人为乐、孝顺懂事……这少年可原来是“吊儿郎当”或“混世魔王”，但最后必须是“少年哪吒”！

少年：然后呢？

老师：立好意后，你可像蜘蛛一样绕着这个中心结网。天下找不到一张没有中心的蜘蛛网；蜘蛛织网是先有网的中心，再一圈一圈地围绕中心编织。

少年：哦，我懂了！围绕中心进行选材！可你知道“巧妇难为无米之炊”，我……我……

老师：嘻嘻，你忘了我说的作文素材四大宝库了呀？可以是你童年的乡下生活；可以是你成长中曾经学过的一门体育专长；可以是你的臭老师和臭学生的故事；可以是你曾经读过的一本书，但就不包括作文选……

少年：这就行了啊！那这回应该“赵子龙上阵，百战百胜”了！

老师：还要注意写作技巧，好的开头就像是女神的妆容，让阅卷老师一见钟情；好的结构就像给女神披上了迷人的外衣，让阅卷老师浮想联翩；好的结尾就像女神留下的美丽背影，让阅卷老师难以忘怀！

少年：OK！等我消息！拜拜！

老师：喂！注意别忘了高高地挂起你那盏红灯笼！

少年：啥啊？没听到。

老师：我的意思是别忘了点题！

少年：这么多要求啊，不要站着说话不腰疼，你写篇试试。

老师：好，我们一起嗨！我潜水去！祝你好运，少年！

【下水作文】

何其有幸！

“人就像一粒种子。要做一粒好种子，身体、精神、情感都要健康，种子健康了，我们每个人的事业才能，根深叶茂枝粗果硕。”

袁老走了，举国悲痛。那天我在朋友圈看到明铁老师转载的这一段话，这是出自16岁少年的文字，当时我是很震撼，它让我感受到了无穷的力量和希望！何其有幸！这才是少年应有的模样！

曾经，我以为这一代少年没有了信仰。追求真理和创新的人越来越少，追求金钱和名气的人越来越多。

但，我错了！我看到朋友圈和抖音都有很多少年在通过各种方式追悼袁老！特别是看到一群少年追着灵车哭喊着“袁公一路走好”的时候，我不禁泪流满面。这是一个娱乐至死的年代，很多少年似乎成了铁石心肠，似乎都不会哭了。但我没想到，这一天，很多少年，因为一个91岁的老人抱头痛哭……

曾经，我认定，90后与00后是垮掉的一代。你们为了一场演唱会可以不顾亲情，为了追星可以经历千难万险，为了某个女孩可以打得头破血流。你们为网红而疯狂，陷落在金钱崇拜、颜值正义的扭曲价值观里，不可自拔。而现在变了，你们不再盲目追求明星，你们在寻找着百年党史的脊梁；你们在崇拜着钟南山、李兰娟院士；你们在寻找着身边的无名英雄……

信仰和力量的星光正照耀着你们！这才是少年应有的模样！

“我来”“我来”，这一声声一幕幕让我内心澎湃、激动万分！这是疫情期间很多白衣少年冲锋在前的一句话，这是很多青少年志愿者奔赴抗疫前线的一句话，这是扶贫攻坚时期有志少年的一句话……困难面前，勇于担当，这才是少年应有的模样！

“请党放心，强国有我”，那是天安门广场前少年铿锵有力的呐喊。看着朝气蓬勃的少年，听着那声声召唤，我不由得激动万分！强国复兴，勇于担当，这才是少年应有的模样！

“少年强必将中国强，少年独立必将中国独立，少年进步必将中国进步。”大国崛起，也许不会一帆风顺，但定会平安无恙。何其有幸！你们正力争做一粒好种子，这才是少年应有的模样！

（本篇“下水作文”获梅州市第二届中高考下水文评比一等奖）

“片段式下水”和“全篇下水”混合

某年北京市西城区九年级统测试卷作文试题：

25. 从下面两个题目中，任选一题，按要求写作。

题目一：抬起头，可见一树繁花；抬起头，可见满天星斗；抬起头，可以从迷茫中走出；抬起头，才会去拥抱真实的世界……

请以“抬起头”为题目，写一篇文章，不限文体（诗歌除外）。

题目二：写作时运用联想与想象，可以思接千载，视通万里。请在下面的词语中任选三个，运用联想与想象，写一篇故事（文章中要用到你选择的三个词语并用方框标出）。

牛　山　白雪　追求　老人　秋天　下棋

要求：（1）请将作文题目抄写在答题卡上；

（2）作文内容积极向上；

（3）字数在600—800之间；

（4）不要出现所在学校的校名或人名。

【写作指导】（“片段式下水”）

一、审题指导

这是一道命题作文，我们可以采用审题三板斧来完成：一审提示语；二审题干；三审要求。审提示语，我们先分开总结句和提示句。总结句“请以‘抬起头’为题目”，提示出题老师的用意。提示句为“抬起头，可见一树繁花；抬起头，可见满天星斗；抬起头，可以从迷茫中走出；抬起头，才会去拥抱真实的世界……”

审题干“抬起头”，方法要抓题目中的动词“抬起”和名词“头”。结合提示语逐层推敲题干，理解它的深层含义，排除只从字面上理解为表示动作抬头这一陷阱。

审要求：（1）题目写在答题卡上，不写将要扣分；（2）要求内容积极向上，提示了选材和立意要正确；（3）字数要600字以上800字以下，低于600字要扣分；（4）不要在文中透漏自己的学校和师生的信息。

二、选材与立意

题目中的提示句有举例解释的作用，暗示我们可以从这些方面去选材。

1. 选材：如“抬起头，可见一树繁花”，我们可以选择写有寓意的景或有关自然环保等，也可以是你的童年的乡下生活；

立意：抬起头可见美好。

2．选材："抬起头，可见满天星斗"，我们可以从回顾历史，展望未来等去选材，我们可联想到与太空有关的人和事去选材，也可以从你曾经读过的一本书中的科幻知识去组材，还可回忆自己童年的乡下生活。

立意：传承经典，热爱科学，浓浓乡情。

3．选材："抬起头，可以从迷茫中走出"，我们可以从如何面对困扰、失败、挫折等去选材，可以从师生、亲情故事去选材，也可以从自己成长中曾经学过的一门体艺专长去选材……

立意：勇敢面对困难，向他人学习，走出迷茫……

【范文展示】（学生写后评讲作文时用）

抬起头

抬起头，窗外是一片蓝天，几朵白云在唠着家常，几只小鸟在空中嬉戏，还有一只雄鹰在练习飞行，他们是多么快乐啊。现在一切是那么的祥和安宁，我的思潮此时却翻滚起来，内心荡漾起来。

"起来，不愿做奴隶的人民……中华民族到了最危险的时候……前进，进！"记忆中，那是2020年1月27日（大年初三夜晚），武汉东西湖小区的孩子们站在窗户边，抬起头，用稚嫩的声音唱着国歌。孩子们宅在家里，用这样一种方式对抗无情的疫情！平常听还没什么，那时候听到孩子们唱的国歌，心里却像打翻了五味瓶，内心难过而又震撼、激动！我内心喊着：武汉加油，武汉的孩子们加油，一切都会过去，你们是英雄城市的儿女，你们是祖国的未来，你们是最棒的！

接着，让人泪目的声音此起彼伏，整个小区众人隔窗昂首齐唱国歌互相打气，"武汉加油"响彻夜空，再后来全城昂首齐唱国歌……这一声声一幕幕让我内心澎湃、激动万分！

"我来！""我来！"这是当火神山医院还没雏形，还不知道长什么样时，全国勘察大师、70多岁高龄的黄锡璆抬起头说的一句话；这是建筑工地需要用电，国家电网抬起头说的一句话；这是建筑工地需要手机信号进行实时联络，中国移动、中国电信、中国联通抬起头说的一句话；这是千千万万的基层建筑工人抬起头说的一句话……2020年的冬天，我们所有人都目睹了一个不可思议的奇迹，从空无人烟的荒地到一座占地34 000平方米、拥有1 000个床位的传染病医院只用了10天。国内媒体评价火神山医院是史诗级的奇迹。这正是中华民族的凝聚力的体现。正是抬起头高喊"我来"的那些英雄造就了火神山医院。

"请党放心，强国有我"，那是笔直站立、昂首挺胸的年轻人的庄严誓言。中国共产党成立100周年庆祝大会，那群少年抬起头，对着国旗、党旗，当着我们的主席立下这铿锵誓言。听着那一声声气贯山河的呼喊，是那么的震撼人心；望着那一群群少年，是那么的朝气蓬勃；仰视台上的习近平总书记，是那么的英姿飒爽……我们生逢盛世，当不负盛世。

抬起头，天还是那么的蓝，白云依然悠闲着，小鸟叽叽喳喳闹得欢，雄鹰正向大海、高山飞去……一切正正好！

【写作指导】（“全篇下水文”）

一、 审题指导

本题考查想象作文，审题中要分清联想和想象。联想，是对两个相关或者不相关的事物进行相互联系，再加上个人的主观臆想。想象，是在脑海中凭借现有的记忆和信息进行加工，从而能产生新的形象。两者之间有本质的区别。本题要求从“山、追求、白雪、老人、秋天、下棋”中选三个词语来写，我们可从其中的词语联想到相关的人和事，再用想象构造出相关的品质、精神等。

另外还要注意审要求：（1）题目要求“编一个故事”暗含了体裁限定，故事应具备故事情节；（2）要拟题并写在答题卡上，文章中要用到你选择的三个词语，并用方框标出；（3）要求内容积极向上，提示了选材和立意要正确；（4）字数要600字以上800字以下，低于600字要扣分；（5）不要在文中透漏自己的学校和师生的信息。

二、 选材与立意

看作文题，属于“情境式”“任务驱动式”，文章中要用到你选择的三个词语，要依词语进行联想、想象。因此先选定三个词，选时要联想有关的人和事，结合自己掌握的熟悉的素材，看哪些词语让你有故事可写。

1. 选材：比如“山、老人、追求”，可联想到张桂梅老师、袁隆平院士、樊锦诗院长等人的坚守故事，也可联想到大山下老人脱贫致富的追求……

立意：坚守信仰。

2. 选材：如“山、秋天、下棋”，可联想到一些充满生活气息的成长故事或有趣的童年生活。

立意：拥抱美好生活。

【范文展示】（学生写后评讲作文时用）

含泪的微笑

连绵的山起伏着，窗外的春雨淅淅沥沥地飘了起来，打湿了路旁那一根根杂乱的野藤。望着那充满生机的嫩叶，一段尘封已久的记忆伴着我的思绪重新涌上我的心头。

故事发生在小镇上，我家一楼住着一个七十多岁的老人，大家都管她叫“章老太”。她似乎从来不出门，也从不与别人说话，总是一个人坐在院子里，望着一堆杂乱的野藤发呆，从日出到日落……

我很怕她，自然也不敢靠近她那爬满野藤的院子。每次放学回家，我总是做贼似的从她门口溜过，害怕她突然伸出手来把我抓走……

那天放学回家，我放肆地让车铃洒下一串悦耳的歌声。“吱呀”一声，章老太的门竟开了，探出一张灰黄的脸来。我的心一缩，天哪，这是一张怎样的脸哪！一道道纵横交错的皱纹布满了核桃似的脸，一双浑浊的眼睛呆呆地望着我，还有那被风乱扯的白发。她的嘴唇蠕动了两下，喃喃地说：“不是……”说着又关上了那扇沉重的门。不是？不是什么？我愣住了。不知道为什么，我并没有想象中那样惧怕她了，反而对她产生了一丝怜悯。她那蹒跚的身影中似乎隐藏着什么。

以后每次回家，铃声一响，“吱呀”声中门被推开，章老太准探出头来，继而又摇摇头，自语道：“唉，不是……”就这样一天天过去了。

偶然一次听到家人谈论，章老太膝下无子，抱养的孙女被人拐走了。往日她孙女回家，会使劲儿按铃，她便笑得像秋天的山茶花。我忽然明白了，我实在不该这样残忍地惹一个孤寡老人一次又一次地失望，我也终于明白了“不是”这两个字背后的辛酸。

她那满怀希望的目光刺得我心痛，一次我友好地朝她笑了笑，她吃了一惊，竟滴出几滴眼泪来。“奶奶……”我脱口而出。她笑了，含着泪笑了，像一朵秋风中的菊花。以后每次回家，我都按按铃，待章老太出来，向她问候一声。她的目光逐渐温和起来，浑浊的眼睛里闪烁着晶莹的泪花，温善地对着我笑。

光阴似箭，日月如梭，那含泪的微笑随着时间的推移慢慢沉入了我的心底，但它像一坛越陈越香的美酒，时时散发出馥郁的芳香，并在我心底永存……

（这两篇“下水文”被北京中考天利38套卷录用）

“搭桥式下水”

作文题目：

亲爱的同学，在你最朝气蓬勃的年龄，爱上读书，导师的重要性是不言而喻的。也许是你灵慧的母亲，或者是你智慧的老师，抑或是你聪慧的朋友，甚至是……

请以“ 因为________，我爱上阅读”为题，写一篇不少于600字的文章。

写作提示：（1）先将题目补充完整；

（2）内容切忌笼统、空泛；

（3）要有真情实感；

（4）避开真实的人名、校名；

（5）书写规范，卷面整洁。

【写作指导】

学习仿写，要求仿写余光中《乡愁》诗的结构。

能说出仿写的价值，能模仿范文的篇章结构。

能模仿范文的写作手法，并有所变通和创新。

为帮助学生理解仿写，我写下面这篇“下水文”作为“搭桥”铺垫。

【范文展示】

因为父亲，我爱上阅读

那是一个春天的早晨，树儿露出了芽儿，柳枝条随风飘拂着，阳光透过窗户亲抚着我的脸。父亲轻轻地凑到我耳边：“你的书到了！”正在梦中的我一骨碌爬起来，抢过书读起来。因为父亲，我喜欢上了阅读。

小时候，因为父亲的引导，我爱上了阅读。

那时很流行侦探小说，比如《查理九世》《福尔摩斯》《汤姆·索亚历险记》等。父亲总会想办法通过各种渠道找到这些书，不断地引导我看。终于有一天我沉迷于这些破案情节而“乐不思蜀”。

有一次，父亲拿着一本《三国演义》对我说：“试下，很有趣的！像《查理九世》一样的情节。”在父亲的引导下，我喜欢上《三国演义》，并沉迷于其中情节。有时，父亲也会问我其中的一些情节，父子俩讨论着。自那以后，我没那么痴迷侦探小说了，开始广泛阅读了！

再大些，父亲的“掩护”，让我爱上了阅读。

随着成长，我静不下心来阅读。那时，我这个年龄段的人喜欢《斗罗大陆》。父亲买来悄悄说：“别告诉你妈，我给你本有趣的书。”在他的“引诱”下，我开始爱不释手、如饥似渴地读着。有时我甚至会忘记时间，忘记了游戏，忘记了吃饭。母亲就会在那嘟囔：“只看这些无用的书，那么多名著在那不看，要考试的哦！”父亲却说：“兴趣是最重要的，看总比不看好。”父亲瞒着母亲偷偷在网上下单，买了一本又一本，掩护着我看了一本又一本。后来，父亲又引导我看些母亲要求的名著。

父亲的陪伴让我爱上了阅读。

在睡前，无论在中午或晚上，父亲都会坐在我的床上，陪我一起阅读。这是一段最美好的时光。轻轻松松、心无旁骛地看着书，思索着，偶尔说上几句话。时间静静地流淌，我渐渐地进入了梦乡。

父亲就是这样，引导我、掩护我，陪伴我，让我爱上了阅读。

作文题：阅读下面的文字，按要求作文。

“山重水复疑无路，柳暗花明又一村”，前方，或柳暗；前方，或花明。面对挑战，我学会坚强，不再退缩；面对挫折，我学会高兴，不再悲伤；面对唠叨，我学会感恩，不再抱怨……

请以“从此，我不再________”为题，写一篇文章。

要求：（1）将题目补充完整，然后作文；

（2）作文中不得出现真实的姓名、校名；

（3）除诗歌外，文体自选；

（4）不少于600字。

【写作指导】

方法：彩线穿珠法。

技法要义：“彩线穿珠法”是在写作时选择一个和主旨密切相关的关键字、关键词或关键句作为彩线，谋篇布局、组织全文、统摄全篇的一种写作方法。这种手法能使文章内容集中，结构紧凑，主题鲜明，更好地营造文章的主旨，抒发作者的情感，条理清楚地进行议论。同时，文章由于重复出现关键字、词、句，就形成了比较匀称的文章结构，使文章一线贯通，富有气韵，形成一泻千里、奔流畅涌的气势。

为了帮助学生更好地理解这种结构，老师有必要为学生“搭桥”铺垫一下。我写了下面这篇“下水文”。

【范文展示】

从此，我不再有那双眼睛

小时候，那双眼睛是门前的那条泥路，你在这头，我在那头。

曾记否？那时的我小小的，瘦瘦的，很大还不会走路，不会说话。你带着我到处寻医，医生说我有点先天不足，可能不会走路、不会讲话。你伤心地哭了，把我带回家里，呆呆地看着我。然后你对父亲说：“我不相信我家闺女会先天不足。她聪明着呢！她的眼睛黑溜溜的，她虽不会说话，但她需要什么会指着，会点头、摇头表示，心里明白着呢。她不会走路是因为身体太差了！”从此你节衣简食，买各种营养品给我吃。你甚至啥都不干，专心照料我的起居。抱着我一遍一遍地从泥路这头走到那头，走一步数一步，不厌其烦地教我一些基本的词汇……慢慢地我身体好些了，你把我放在泥路的那头，用我好奇的喜欢的东西引着我向你这头爬。一天，奇迹出现了，我竟站了起来“妈、妈、妈”地叫，你高兴得泪水直流。这以后，你就引着我慢慢地从泥路那头，走向你这头……我终于学会了走路、学会了说话，您却瘦成了皮包骨，那双眼睛深深地陷了下去！

那门前的小路，如今已铺上了水泥！那些你踩过的脚印，早已不在了，可是，它们却深深地印在我的心里。

再大些，那双眼睛是一个个煤球，你在煤场，我在学校。

那一年，父亲病了，你带着他辗转求医无果，最后人财两空欠下不少债。那时我读高二，记得最困难时，你向街坊借钱给我做生活费，然后你做好一个个煤球，小心翼翼地将它们晒干，再一个个端到斗车上，送给街坊抵了债。那时你的那双眼睛只有煤球，因为它可以维持我们一家的生计，可以维持我们三姊妹的读书费用。你总会叮嘱我在学校该用的就用，别太节俭。记得有一年冬天，我没冬衣穿了，但我不敢说。后来你知道了，买了件很漂亮的粉红棉衣叫我穿上，眼睛眨也不眨盯着我并喃喃地说：“多好看啊！幸亏现在很壮实，没病没痛多好！”

那市场上的煤场，如今已建了高楼，那些黑黑的煤印已不在了，可是，你所流过的汗水还在我心里流淌。

后来啊，那双眼睛是一根电话线，你在家里，我在远方。

最终我们都成家了。工作上的不如意、家庭中的矛盾、生活中的困难让我屡次垂泪。于是打电话给你，向你倾诉，你总会给我鼓舞，给我慰藉。你的话语如涓涓细流，洗涤着我浮躁的、不安的心灵，让我变得平静祥和，变得宽容淡定。慢慢地，一切都好起来了，我却很少想起你。有时你打电话给我，我都以工作忙而不耐烦地敷衍。有一次，我和你在微信上视频聊天，我买了条裙子想穿给你看。我在镜头前晃着，你盯着屏幕看了很久说没看清。我才发现妈妈的眼睛浑浊了，已不再明亮，连我都看不清了！我泪如泉涌，泣不成声。

那根电话线，也许是天下最“模糊”的眼睛，可它却承载着天下最阔大的爱。

现在啊，那双眼睛是一张张冥币，你在天上，我在地上。

你有个习惯，每天在亲情群发早安图片，问候我们，也告诉我们你一切安好！

一天早上，你没发早安信息，忙着工作的我竟粗心没注意到。直到有人打电话给我说联系不上你。我才疯狂拨你的电话，可再也没有人接。原来你已在隔天的晚上永远闭上了那双由明亮变模糊的眼睛。从此，我不再有那双眼睛。我抱着你一辈子操劳的身躯，握着你劳作了半个世纪的冰冷的手哭得死去活来。我问自己，上哪找你？唯有借着这些冥币，让它们为我造一双“心眼”，寄托我的深情，问候天堂的你……

“病文式下水”

某年北京市西城区九年级统测试卷作文试题：

25. 从下面两个题目中，任选一题，按要求写作。

题目一：抬起头，可见一树繁花；抬起头，可见满天斗；抬起头，可以从迷茫中走出；抬起头，才会去拥抱真实的世界……

请以“抬起头”为题目，写一篇文章，不限文体（诗歌除外）。

题目二：写作时运用联想与想象，可以思接千载，视通万里。请在下面的词语中任选三个，运用联想与想象，写一篇故事（文章中要用到你选择的三个词语并用方框标出）。

牛　山　白雪　追求　老人　秋天　下棋

要求：（1）请将作文题目抄写在答题卡上；

（2）作文内容积极向上；

（3）字数在600—800之间；

（4）不要出现所在学校的校名或人名。

【范文展示】

针对学生审题、立意失误情况，评讲时我写了以下“下水文”。

不坠青云志，永存赤子心

连绵的山起伏着，窗外的夏雨肆虐着，打乱了路旁那一根根杂乱的野藤，望着那充满生机的嫩叶，我想起了那些老人和他们的追求！

“孩子！回女子高中读书”

听，雨声噼里啪啦，大雨滂沱，雨水溅起片片尘土又将它埋没，寂静的山道失去往日的喧闹，牛儿鸟儿更已不复存。突然出现一道朦胧的背影，她的出现带起一阵水花，可雨仍未停，愈下愈大，似乎要将她吞噬。她艰难前行，终于到达目的地，她敲开门，屋主人因她略显狼狈的模样怔住，不禁开口：“张老师，这么大的雨，为何还要坚持来?”她粲然一笑：“我希望孩子回来女子高中……”雨水顺着她的帽檐淌下，沿着她满是皱纹的脸注下，灌满了她那身朴素的衣服，但她的眼里却有光。

她是云南支边的教师，她用微弱的身躯、强大的力量，百折不挠，顽强拼搏，创办了免费女子高中，点亮了贫困地区孩子们的梦想！

“我毕生的追求就是让所有人远离饥饿!”

瞧！戴着草帽累了就坐在稻穗下乘凉的老人是谁？下田去观察水稻的长势，风吹雨打都不变的是谁？观察水稻的神情是那么认真，沉思的目光是那么坚定的是谁？那专注于田畴，淡泊名利的是谁？那一介农夫，播撒智慧，收获富足的又是谁？那喊出“我毕生的追求，就是让所有人远离饥饿”又是谁？那时刻关心人民，不畏艰难，甘于奉献，呕心沥血，苦苦追求，解决了世界五分之一人口的温饱问题的到底是谁！

喜看稻菽千重浪，最是风流袁隆平。

“我是敦煌的女儿”

看！一幅幅壁画交错有致，色彩斑斓，承载着古朴的气韵，藏着深厚的文化底蕴。你俯着，细细镌刻着一个小角落，眉宇间的专注与认真，将外面的黄沙漠漠吹散。你选择坚守。55 年你都甘守敦煌，你守住了前人的火，开辟了明天的路。枯燥的修复工作，茫茫大漠风沙弥漫，这不是谁都能承担的。只因你的敬业、你的一腔爱，使一洞画重现往日光芒。你的心归处，是敦煌。

“敦煌的女儿”樊锦诗，一位甘愿用生命守护敦煌，用她的一生谱写了一个文物工作者的平凡与伟大的女子，让全国和全世界人民为之骄傲。

“不坠青云志，永存赤子心”正是他们一生的写照！一个个身影伫于祖国山河中，为后人谋幸福，也给后人开辟了美好的路。

（学生评论后）老师点评：本文内容好，文笔也不错。立意准确，但审题不准，要注意题目要求是“编写一个故事”。这篇文章审题失误造成文体偏离，要谨防这样的陷阱，“离题死无葬身之地”。

“片段式下水”

小练笔：现在你就是一名小说家，你需要为一个清纯可爱的女子（如翠翠）设置一场出镜，你会如何布置其出场的环境？请想象后编写出来。

清晨，太阳爬上山头，发出微弱的光亮，温柔的一轮圆月还挂在天空，未曾褪去，下面是草原上的花地，五颜六色的不知名的花悄悄绽放着，其间有一个十五六岁的少女，头戴花环，手里也捧着一束鲜花，正怡然自得地漫步在花丛中。

设置情景，当堂练习。

【写作指导】

假设一次考试，你因为失利而惨败，但是在老师同学的鼓励分析后重拾信心，此时你会如何安排文章结尾的景物描写？

那天下午，天空万里无云，阳光洒在身上，暖暖的，我的心也暖暖的。我想起了老师、同学的鼓励，其实失败没什么，重要的是我们要学会直面一次次的失败，再次起航！

【范文展示】（老师“试水”开头。）

1. 景物描写万能公式开头。（应急绿色通道）

那是一个________的________，雨点/阳光/灯光/________地洒在________，________是那么的________，让我不由得________。

那是一个暑假的清晨，阳光温柔地洒在身上，逶迤的长城是那么的雄伟，我不由得产生了登长城的念头。

2. 引用诗词开头。

“豌豆斩新绿，樱桃烂熟红。一年春色过，大半雨声中。”本是多雨的季节，但因我们的欢聚，下了几天的雨停了，太阳公公的脸红起来。为了让学生在文化知识学习之外有目的、有计划地参加日常生活劳动、生产劳动和服务性劳动，让学生切实经历动手实践，出力流汗，接受锻炼，磨炼意志，培养勤俭、奋斗、创新、奉献的劳动精神，为了让劳动实践活动往“实”里走，我们借“五一”这一特别的日子，带领一些中小学生前往“梅一客”基地风衣谷参加劳动实践。

——《欢聚风衣谷，让劳动教育往“实”里走》

3. 情景再现。

每一个背影都有一个动人的故事，从这“背影”你会联想到哪些人的背影？也许是亲人，也许是朋友。他们的背影是怎样的？（请你用3分钟写下来并和同学畅谈）

记得高一的那一天，父亲到学校找我，告诉我他脖子上长的疙瘩是瘤，要去广州看病。父亲离开时回头望着我，眼神里充满着关切和不舍，脖子上的瘤随着回头膨胀伸缩着，脸上的表情暗含着疼痛。父亲的背影渐渐远去，但他的肩膀依旧宽大，他的腰依旧圆润，他的背依旧挺拔，只是走路有点慢，没了以往的神气……父亲就这样一步一回头地走着，直到背影消失在我的视线里。我没想到，这竟是父亲最后的背影，从此父亲再也没有回来了。

——《父亲的背影》

第四编

怎样写课评

东方有话说

评课的重要性：听评课有利于教师之间相互学习，相互取长补短，共同提高；有利于青年教师学习优秀教师的先进教学经验，使自己能更快地成长为一名合格的教师；有利于良好教学风气的形成；促进教学改革的深入，提高教学水平和教学质量。课评能促进学术表达，推动自己的专业发展。

怎样写评课稿？

最简单的方法是先确定思路，再论证，再动笔，实现逻辑自洽。

准备工作：

1. 评课要掌握一定的理论依据，如课程标准、文本研读、评课标准等。

2. 课堂的观察——观察教师、学生的活动。

3. 评课的四重视：教学目标的确定、教学过程的评价、教师基本素质的评价、学习成效的考察。

4. 评常规课的“三主一防止”：要以肯定成绩为主，要以帮助提高为主，要以鼓励为主，防止一味拔高或贬低。

评课常用理论依据：

一、余映潮的“30个字”

1. 思路明晰单纯。

2. 提问精粹实在。提问是一个教师课堂教学综合素养的表现，提问越多，教师素养越差，没有提炼，没有进行有效训练的能力训练点，所以到处问。

3. 品读细腻深入。欣赏语言表达之美，是语文教学最本质的内容。2011 年新课标，第一次给语文的课程下定义：语文是学习运用语言文字的综合性、实践性课程。评课一定是跟课文的思想内容有关的。

4. 学生活动充分。强调学生观，学生的有效活动充分。实践活动充分，不是浮于课堂表现，而是有力度的训练性、积累性的活动。

5. 课堂积累丰富。每一节课都要让学生有所收获。“积累”二字在初中、高中课标中出现几十次。十年来，课标培训专家们居然没有关注到“积累”二字。积累是课堂教学之魂。没有课堂积累，还是文盲，积累是青少年成长的园地。

二、 叶澜的 “好课的五个标准”

华东师范大学叶澜教授认为，一堂好课没有绝对的标准，但有一些基本的要求。就她倡导的“新基础教育”而言，大致表现在五个方面：

1. 有意义。在一节课中，学生的学习首先必须是有意义的。有意义的课，它首先应该是一节扎实的课。

2. 有效率。一节好课应该是充实的课。整个过程中，大家都有事情干，通过教师的教学，学生都发生了一些变化，整个课堂的能量很大。

3. 生成性。在这个过程中，既有资源的生成，又有过程状态的生成，这样的课可称为丰实的课。

4. 常态性。她把这样的课称为平实的课，并强调，这种课是平时都能上的课，而不是有多人帮着准备才能上的课。

5. 真实性。生活中的课本来就是有待完善的，这样的课称之为真实的课。

扎实、充实、丰实、平实、真实，说起来好像很容易，真正做起来却很难，但正是在这样的一个追求过程中，教师的专业水平才能提高，心胸才能开阔起来，同时也才能真正享受到“教学作为一个创造过程的全部欢乐和智慧的体验”。

下面是我在听课后的一些评课稿，有名师课也有常规教学课。

心有多大，课就有多大

——评王君老师年会献课

你那一刻的随意馈赠，

宛如秋夜的流星，

在我生命深处点燃了烈焰！

听了王君老师在年会的献课，我想起了泰戈尔的这首诗。

为期三天的“语文湿地”2021 年互联网年会已落下了帷幕，但我仍涵泳在这次的献课中。听王君老师的《陋室铭》群诗教学、《土地的誓言》、《马说》三节课时，我就直呼“高端、大气、上档次”。

高端

高端本指技术，教书本就是一技术活嘛。在此借用来评王君老师的课。这几节课的课件制作让人感觉很高级、很现代，每一个 PPT 页面都很精致。

高端可以体现在备课思维的高级。我们可以看三节课的构思和设置。《陋室铭》通过刘禹锡人生经历的 14 个地点来引出他各个时段的诗，让学生大容量地诵读了很多诗词，也由此了解到刘禹锡的人生轨迹。最后问一句“这样爽的人生，你敢不敢要”对学生进行热爱生命的教育，不能不钦佩啊。《土地的誓言》由文中抒情句子引导学生“若爱深深爱，若写深情写”，指导学生写作，可谓“技高一筹”。《马说》从基础的理解字词走进文本、深入文本，然后叫学生改写《马说》的吐槽，最后进行正面的引导，可谓妙绝！

她在处理教材时也是很具艺术的，她是用教材，而不是念教材。每一节课都有不同的创意，每节课都让人产生高山仰止之感，这不是高端是啥呢？

大气

王君老师的课堂场景大气。偌大的一个会场，台下密密麻麻坐满了人，台上几十个学生，这是她的授课场面。她的授课内容容量大，学生课堂积累丰富，学生个体、集体活动充分。一篇《陋室铭》能引来群诗，能让学生“读”领风骚，又能让学生在思辨中讨论成长的价值观；一篇《马说》能让学生像韩愈一样酣畅淋漓吐槽一番，然后进行思辨，引导学生成长中正确对待自己的“圆缺”。

王君老师指导学生注意三个层面的学习：文字层面——积累；文学层面——鉴赏；文化层面——打通。这些正包含了语文核心素养：语言的建构与运用、思维的发展与提升、审美的鉴赏与创造、文化的理解与传承。一节课包含所有，正是这节课大气的所在。

其文化层面，让人感觉是有鲜活生命力的课堂，打通了教法和学法。她课堂上很投入，很忘我。她饱含激情，让学生激情参与而又能操控自由。她对学生点评既具启发性又能点到即止，让学生受益匪浅。这样的上课方式对教者和学者都是一种享受，对人也永远是一种正能量的影响。

上档次

上档次是指课堂高质量、高水平。王君老师的课衔接自然，让人投入而不会发呆。每节课都有主题，主题切入也很到位，也很有冲击力。如《马说》的主题是“向韩昌黎学吐槽”；《陋室铭》的主题是“这样爽的人生，你敢不敢要”；《土地的誓言》主题是“若爱深深爱，若写深情写”。

她的每一节课都历时一个多小时，但为什么听课的师生都乐此不疲呢?

我记得看过的《什么样的课才算得上优质课》一文，其中说：“一节好课，除了开头引人入胜，结尾余味无穷外，很重要的一点，就是中间要有高潮，不一定要‘高潮迭起’，但至少要有一个‘高潮’。所谓高潮，就是一节课中最兴旺发达的阶段或矛盾冲突最尖锐、最紧张的阶段（冲突点)。教师精导妙引，用艺术性的手法掀起教学的高潮，能有效地调动学生学习的积极性和主动性，活跃课堂气氛，有助于课堂教学目标的实现。”我觉得王君老师的课上档次主要就是达到了这优质课的标准，而又似更胜一筹。她的课很灵动，可以说是“高潮迭起”，总能让人屏息凝神地听着，而又让人惊喜不断、震撼不断，能推着学生不断地上前，从一个台阶上升到另一个台阶。我们备课时往往备的是有字之书，王君老师用的是无字之书，是“胸有沟壑”，信手拈来。

王君老师自评自己课粗糙，看不下去。但“急就章”“临时上场”“原生态”的课更能看出一个教者的基本功。我的评课虽有些俗，有点贬低了王君老师课的雅致，但这是我最直接的感受。

每一个人的成功都不是轻而易举的，都要历尽艰辛，千锤百炼。我想起了冰心的小诗：

成功的花，

人们只惊羡她现时的明艳！

然而当初她的芽儿，

浸透了奋斗的泪泉，

洒遍了牺牲的血雨。

我坚信王君老师成功的背后是比常人更多的努力和汗水，就如冰心写的这首诗。她的课海纳百川，包容万象，这正如她的人有大爱、敢担当、怀感恩。就如本次年会“语文湿地”携手王君青春语文名师工作室为大家献上了关于语文、关于成长的视听盛宴，直播所得款项也全部用于河南对口学校的赈灾。

心有多大，课就有多大。王君老师的课正是她人生的写照！她的青春语文定会引领更多的人，滋养更多的人。

2021 年 8 月 19 日晚

放下“我”，放开课堂

——聚焦课堂、深度课堂教学比赛反思

我今天想对自己和同仁们大声呼喊：“放下‘我’，放开课堂！”这星期听了同事的三节课，我自己也上了一节“分片教学”的研讨课。最深的感受也莫过于这一句话。

一、放下“我”，课堂才能还给学生

曾经，我们上课时很“嗨”，也许在讲台上才华横溢，也许在讲台上讲得动情甚至于眉飞色舞。我们津津乐道于自己设的局，习惯了让学生静静地听我们讲，有人说我们是“伟大的讲师”时还暗自高兴。其实是我们没有放下老师“我”这个角色，我们主宰了课堂，没把课堂还给学生。而今天的我们大变样，随着聚焦课堂，随着学校的“211”高效课堂模式，随着推出的“三段五步法”……我听课时最大的感受就是老师把课堂还给了学生。学生先去学，然后教师才去教；课上学生思考后再去讲授。比如杨玲老师、丽霞老师都先让学生预习，然后再在课堂上进行课堂小测，检查学生的掌握情况。杨玲老师上的是《回忆我的母亲》，检查完预习情况后，她让学生概括母亲的几件事，然后讨论这些事体现了母亲的什么品质。丽霞老师上的是《我的叔叔于勒》，在进行了人物描写方法的复习铺垫后，让学生分析文中菲利浦夫妇、“我”、于勒等人物形象。美梅老师上的是《藤野先生》，她另辟蹊径，精心准备了导学案让学生先预习，在课堂上让学生概括鲁迅先生写的藤野先生的事迹，然后让学生PK展示。美中不足的是，三位对学生思维的训练不够，比如概括事件的方法、分析人物的方法没有提及。

再说下我的课吧，我上的是作文课，感觉还是没完全放下“我”，没足够的时间让学生写，也就没完全把课堂还给学生，结果内容太多而拖堂。虽然这节课获得了很多好评，我也安慰自己没磨课、没试上就是这样的，但记得一位教育家说过，“拖堂是失败的教学”。课后，我难过而又不能平静。

二、放下“我”，学生活动才会充分

听的三节课中，我觉得最该点赞的是美梅老师。她的学生活动很充分！学生课前预

习很充分，在课前自测、课中讨论探究中都让男女生进行 PK，制造了一种“你不让我，我不让你”的态势。她的引导很到位，但有个环节让我感觉很遗憾。在 PK 中，概括藤野先生事迹时，男女生展示答案时，女生的答案很标准，应该是参照了教辅书，男生的答案应该是自己概括的，但美梅老师在比较中重重地表扬了女生，说男生该加把劲。当时我观察男生似有点窘，或者说难堪。这很可惜。很多时候我们都希望学生说出标准答案，这样我们能顺利进行下一个环节。我们要放下“我”，要“学生觉得”，不要“我觉得”，我们要鼓励学生“素读”（我常说“裸读”），限制学生用参考书。本来下课时，我想对男生说：“你很棒，你的答案是自己的原创，虽不太准确，但更有价值。”可惜听完后匆匆赶回去上课，终究还是忘了。杨玲老师、丽霞老师的课，课堂气氛稍沉闷了些！我的课吧，学生活动表面上很活跃，但其实很多学生根本没动笔写。我的预设太自以为是了，没完全放下“我”。

三、 放下“我”，课堂积累才会到位

只有放下“我”，让学生去奋力学习、深度学习，课堂积累才会丰富而到位。杨玲老师讲的是第一课时，她注重词语知识的积累，小测了词语解释等，通过事件分析完母亲的品质后进行了拓展延伸。拓展内容是母爱，这贯彻了“立德树人”的做法。这是亮点，但拓展的有些内容与文本关联不大，似有点牵强，这应该是没有从学生的角度去设置，只从老师要怎样去教化学生的角度考虑，还是没放下“我”的角色。丽霞老师对学生进行了多角度的课堂检测，有基础题，也有中考链接题，但没给学生足够的时间去完成。美梅老师的导学案加强了学生的深度学习，但感觉问题设置不够简洁，学生审题费时间，也应该是没放下“我”，没从学生的方面去考虑吧!

再说我的这节课。我在设置对点练习时没很好地从学情出发，主题设置太多了。要是只设置一个主题让学生练的话，这效果也许又将会完全不同，也就不会拖堂了。我在板书时也没放下“我”，想着“我”要怎样才能省时间，想着“我”要怎样才能少写点，板书就没能很好地帮助学生积累。

在课堂上，我们只有放下老师的这个“我”，才能放开课堂、把课堂完全地还给学生，才能让我们的学生更优秀，我们才能轻松得法，成功施教，博大精深。

以上是我对这次聚焦课堂评比和深度课堂的反思，希望对大家有帮助。

拨云见日，回味悠长

——评余映潮老师《生于忧患，死于安乐》

《生于忧患，死于安乐》是一篇文质兼美的散文，为后人称道和效仿。余映潮老师领着学生在美妙的课堂中细细品味美文，深深领悟了先哲“生于忧患，死于安乐”的人生智慧！

一、 导入洗练，自然亲切

我们来看余老师是怎样直入课题的：“同学们好，请坐，谢谢。这节课我们学习孟子的《生于忧患，死于安乐》，这是初二下学期的课文。我估计大家已经学过了，我们来温习一遍。”余老师的这一导入点示了课型是温习巩固。然后余老师说道：“屏幕显示一个细字来出示学法，要求细读。”没有过多的渲染和铺叙，洗练的导入，和蔼自然的语言，却如春风化雨般滋润着心田，让人倍感亲切。

二、 听读体味，情感熏陶

余老师说：“阅读训练，要追求集体训练和无提问式教学。”本课教学，都真切体现了他孜孜践行的教学理念。他不设计零碎的提问，第一板块是常识积累，介绍孟子和《生于忧患，死于安乐》的地位及对后人的影响，解释名句“故天将降大任于斯人也，必先苦其心志，劳其筋骨，饿其体肤，空乏其身，行拂乱其所为，所以动心忍性，曾益其所不能”，丰厚了学生的文化，概说了内容，使主题突出。范读很好地熏陶了学生情志。接着告诉学生要进行读背、听记、做作业等一系列训练，设计各种灵动的阅读活动推进听说读写等各项能力和知识的积累。但每一项的训练都融于情感熏陶中，让学生读中感受、读中理解、读中背记。

三、 积累丰富，品位高雅

《生于忧患，死于安乐》是古代散文的名篇。在积累常识、字词解释、全文翻译、内容概说、名句品析、章法赏析等环节，余老师通过细读注释理解句意，通过关注语法集中点示，又通过突出精段去背诵名句。各环节由点及面，贯通文气，然后从容推进，读评结合，圆融自然，品位高雅。最后的练习训练环节也不忘巧妙高雅，习点精粹，拓展巩固，不仅涉及本篇课文内容，还涉及其他课文的内容，助学助读，学以致用，加深理解，丰富积累。课文研读是高效的关键，余老师不断引导学生走进文本、研读文本。

四、 怡情养性，情韵兼美

本课教学，余老师设置了三项训练活动：第一项训练活动，读背；第二项训练活动，听记；第三项训练活动，做作业。朗读体味，精致中见细腻；读中理解，自然中天成；译文诵读，富有情韵，突出精段中背诵名句；引用典籍，濡养美感。这些都让人感觉，怡情养性，神清气爽，情韵兼美。

这节课，课型明确，板块清晰，设计精细，容量丰富，品位高雅。余老师犹如一位技术娴熟的舵手，领着学生们在文本里来回穿梭，隽永精致之情韵，足以让学生怡情养性，给我们无限的智慧和启迪。很多时候，我们的讲解往往“架空”，只是激起了学生兴趣，没讲到什么内容，属于问课文，不是用课文，陷入碎问碎答中。而这节课让我们拨云见日，回味悠长！

路虽难，仍求索
——评余映潮老师《行路难》

寒假读了余映潮的两本书，最大的感觉是“相见恨晚”！看时我心里暗暗叫绝。我觉得如果早点遇到，定会少走弯路，定会使自己的教学更有起色。余老师的课如行云流水，总是那么的贴切自然，学生听他的课定会如沐春风。他用板块结构使教学任务清晰明了，学生活动充分，集体参与活跃，课堂积累丰富。下面我就以他的《行路难》课谈谈我的见解。

一、 放下是美好的情怀

看余老师的《行路难》实录，透过师生的对话，我看到了课堂和谐的氛围。因为余老师放下了架子和身份，以真诚的态度和学生面对面、心与心地交流，总能进行思想的碰撞，深化了文本的解读。如《行路难》中的吟读、说读、译读等环节的点评，亲切自然。课堂上很多老师喜欢端着老师的架子，不敢放开自己，使得课堂很沉闷，不能和谐自然。放下还包括“舍得”。余老师每上一节课，总要查很多的资料，但最后呈现给学生的是有选择的。就比如《行路难》，在授课中我曾觉得无从下手，内容多，学生难理解诗人心境。而余老师则化难为简，导入相当直接明了，放弃了很多复杂的导入。课中内容重在读中悟。余老师关于背景的介绍，归结起来也就是“赐金放还”“怀才不遇”。这些都是余老师美好的情怀“放下”的体现，值得我们学习。

二、 简洁是别致的境界

看《行路难》实录，印象最深的是他的屏幕显示内容，简洁、清晰、明了。如：吟读，感受诗中的每句；说读，理解诗中的美句；教学结语，用知识丰富我们的头脑，用憧憬激励我们的行动。这三个屏幕内容就串联起了丰富的课堂内容。我们在上课中往往屏幕显示很多内容，让学生看得眼痛又抓不住重点。还有老师喜欢把屏幕显示内容做得很花哨，结果学生注意力转移了，舍本逐末了。所以，我觉得余老师的简洁中包含丰富，是一种别致的境界，值得我效仿。

三、 精彩是过人的智慧

在余老师的《行路难》中最让我拍案叫绝的是穿插的两个微讲座。第一个微讲座是

“警句，让诗文生辉”，让学生理解什么是警句。警句往往是整首诗得以流传千古的重要原因，提示学生注意警句，使学生能在学习中多关注，闻一知十。然后补充了龚自珍的《己亥杂诗（其五）》，让学生易于理解掌握。第二个微讲座是“用典以传情达意”。这一个微讲座为学生很好地阐明了什么是用典以及用典的作用，让学生更好地理解了文本内容。我觉得这个补充是很精致的，又一次体现了学生课堂积累的丰富，也体现了课堂教学的高效。佩服余老师的过人智慧下的匠心独运。

我在想，要怎样努力才能达到余老师的这些课堂效果呢？海明威曾说：冰山运动之所以雄伟壮观，是因为它只有八分之一露出水面。赏析余老师的课，首先应该看到他在课前所做的努力。余老师曾说：“我用大量的课，表现我对课文极其认真的反复研读。我的公开课无一不是艰苦地精读教材、精读有关文献的结果。”在这我就用“行路难，行路难”“路漫漫其修远兮，吾将上下而求索”作为对自己的勉励吧。

美的语言，美的享受

——评余映潮老师《白雪歌送武判官归京》

看了余映潮老师的《白雪歌送武判官归京》教学实录，我受益匪浅。我曾经没有去思考教师授课语言的问题，而这节课让我有去探究教师授课时的语言技巧的冲动。我觉得能够从如下方面引起我们深深的思考探究。

一、 精练的讲解

教师语言干净简练，语速缓慢，一字一顿，清晰明白，句句有指向性、针对性。余老师以一句“今天我们一起学习岑参的《白雪歌送武判官归京》。读一读背景材料”开门见山，进入课堂，内容明确。从课后整理的实录来看，我也找不出一句或一个多余的字。在“美诗吟诵，美句品析”这一环节，余老师指导了三遍朗读：一吟，中等速度；二吟，特别节奏；三吟，含情抑扬。每次抓一个点，落到实处，一步步引导学生读出了味道。每一次实时评价既包含赏识和尊重，又能启发学生深入思考。

二、 巧妙的讲析

讲析是一种必要的教学手法，其意义在于深入文本，解决难点，凸显美点，解析规律，增加教学内容的深度，拓展语文知识的宽度。教师是学习活动的组织者和引导者，关键之处要有教师的讲析，疑难之处要有教师的讲析，生僻之处要有教师的讲析。且看本课中余老师“学习品析诗句”的讲析：第一层，诗句描写的是什么；第二层，诗句表达的角度或作用是什么；第三层，对用得好的字词进行欣赏，最后举例阐释。这是从宏观、中观、微观三个角度进行指导。这样的环节教给学生方法，让学生知道赏析诗句从哪些方面入手，让学生学会赏析诗句，真正学有所得。学生品析完后，教师又进行了系统的总结讲析，让学生的知识得到了更高层次的提升。

三、 动人的点评

语文新课程改革大力推行对话教学，对话需要教师的引导。教师主要的作用是营造一种平等和谐的对话氛围，激发每一个学生潜在的灵感。在本节课的教学之中，余老师的每一句话都是用心的、真诚的。余老师对学生的发言总是迅速判断，及时点评，指向明确，内涵丰富。这一来一去的对话是思想的碰撞、情感的交流，促进了学生对文本的深刻理解。各个教学环节平实、自然、大气，没有教师的卖力表演，只有教师的自如应对。自然流露的“谢谢”等话语，充分表现了教师对学生的尊重。

透过余老师的课堂实录，我们可以学到很多。他课堂教学时的用语，能给我们美的享受。

短文细教，精致高效

——评余映潮老师《记承天寺夜游》

从教中，我探寻过怎样慧教长文，实现高效课堂，为此写过《以目带纲，长文短教》的论文，还在工作室研修中作过这方面的讲座。今天看余老师的《记承天寺夜游》课堂教学实录，我意识到自己好像忽略了短文怎样细化才能实现课堂的丰富积累，令人汗颜。且看余映潮老师是怎样细教实现高效的。

一、 情境铺垫，亦庄亦谐

余老师课堂实录，风格就是简洁导入，直奔主题。他在知人论世方面，点到即止，从不赘言。但是在讲《记承天寺夜游》时，他却一改往常的做法，从林语堂对苏轼的评价切入，着力铺垫，创设课堂教学情境。在资料厚实的精心助读下，余老师进行幽默解说，直入重点，铺垫蓄势，语言风趣幽默，引人入胜。学生轻松了解了苏轼的生平际遇、卓越成就，从而深入文本解读，可谓妙绝！

二、 读悟指导，细腻有效

在导入课文后，余老师补充了一些注释，开始指导朗读。第一次朗读要求：读出一点儿文言文的味道。余老师通过点评让学生体味怎样美美地读，读出文言文的味道。第二次朗读要求：读出一点儿夜游的兴致。余老师点评，让学生注意，表现作者心情的词语应该重音，注意语速变化。第三次朗读要求：读出一点儿复杂的情愫。余老师这次点评从知人论世方面指导学生体悟作者情感，引导领悟关键句“何处无竹柏？但少闲人如吾两人者耳”，要求学生读得深沉，要求体悟非常有意味的“闲人”。第四次朗读要求：一起来读背。在多次深情朗读后，学生已读出意思了，余老师在屏幕显示译文，要求学生读后背诵全文。整个朗读指导，细腻有效；在读中悟，悟中读，如水乳相融。

三、 讲析精妙，自然得法

在读背的基础上，余老师要求学生读中分层，体味写作手法和文中的章法结构。第一次读背中让学生通过停顿把课文变形为叙事、抒情两层；然后再读背，细化课文，变形为记叙、描写、抒情三层；再次读让学生把课文变形为四层，从而水到渠成地让学生掌握了古文的一种章法结构——起承转合。最后余老师停留到品味“庭下如积水空明，水中藻荇交横，盖竹柏影也”这个名句上。品味这个句子，余老师是不惜时间和精力的。他从四方面去品析：一、比喻精美，静中寓动（修辞角度）；二、画面纯美，镜头清丽（写景角度）；三、一笔两写，状景达情（内容上）；四、承上启下，引发心声（结构上），还举了教师用书对该句的品析让学生朗读。整个讲析，精妙细化，自然得法，彰显睿智。

余老师把一篇85个字的小品文诠释得如此透彻、深刻，令人叹为观止。他在不脱离文言文常规教学“读、译、背、品”的前提下，教出新意，教出深意，真正体现了“短文细教、精致高效”的教学目的。

余音绕梁，恍然在耳

——评王君老师同课异构《记承天寺夜游》

这两天，我抱着热切期待的心听完了王君老师和余映潮老师的同课异构《记承天寺夜游》。两位名师聚焦点不同，各有千秋，各美其美。如果说余老师的课是落地有声、奏响动人的前奏，那王君老师的课就是“余音绕梁，恍然在耳”。

按照华东师范大学叶澜教授“好课的五个标准”，王君老师这节课是“好得不得了”的课!

一、 有意义

王君老师这节课的课堂教学目标明确，属于思辨型的课。王君老师引导学生学习文言文应该包括三个层面：文字层面、文学层面和文化层面。其中文化层面要进行思辨，古人的哪些思想我们现代人该传承，哪些该古为今用，哪些该弃其糟粕。

《记承天寺夜游》围绕着“月是空明之月，人是____ 之人”进行思辨。通过分析苏东坡和妻子、苏东坡和兄弟、苏东坡和同事、苏东坡和自己等四种人际关系来辨析苏东坡是个怎样的人。在这一过程中，王君老师很豁得开。每一个阶段展现了苏东坡的一些经典的诗，气势恢宏，境界壮阔。王老师不是单独讲一节课，而是用一条线，让学生了解一位作者，从而解读好一篇课文。

学生通过这节课，学到了新的知识，“进来之前和出去的时候”是完全不一样的。学生接受了生命教育，在震撼中挣脱，在讨论中得到洗礼。这是人生课堂的一节好课啊!

二、 有效率

这节课针对的学生面很广，每一个层次的学生都有事干。基础好的有问题思考，基础薄弱的有“读”的活动，所有的学生都能参与其中，课堂气氛活跃。我们来看这节课的流程：上课始，全班同学进行背诵，抽查背诵写月色的句子。然后抽了六个学生围绕“月是空明之月，人是____之人”，进行第一次的微型演讲，在演讲时选了书写漂亮的学生选取关键词进行板书。第二轮发言：研究苏轼是个怎样的人。不管是苏东坡和妻子、苏东坡和兄弟还是苏东坡和同事、苏东坡和自己的关系都是由学生上台来讲解的。其中每一种关系中都用了不少相关诗文，让学生整体读或个别读。最后又回到“月是空明之月，人是____ 之人”进行微型演讲，王老师充分调动了学生的参与性，学生演讲很舒畅、很精彩。

整个课堂展示很舒展、很灵动。王君老师收放自如，尽情挥洒，让人感觉很“浪”。王君老师的“浪”，“浪”在读人读妻读其孩，读其兄弟，读其父母，读其环境，读其官场。“浪”是一种尽兴，是自我风格的发展与求索，是创新与守成的较量。

三、 生成性

王君老师的讲座里谈到青春语文的意义疗法：把语文变为语文教育，把语文和心理学、哲学等更多和心灵有关的学科结合起来，让经典文本焕发青春活力，拥有疗愈功能。让语文课不仅能提升学生的语文素养，更能提升他们的心灵素养，让语文教学巧妙地为学生拥有幸福人生赋能。这节课让学生空明、教者空明，听者也空明，这正是其疗愈功能。

这节课师生在课堂上的互动很多，展现了王老师深厚的功底。她十分善于引导学生，时而知性而引，时而感性鼓励。学生的演讲和朗读也足见学生是下了功夫的。师生各显神通，尽展风采。在解读苏东坡和妻子、兄弟、同事、自己的关系中，学生解读得很精彩，足见老师的课前指导到位，孩子们的视野开阔。而王老师对苏轼人生各阶段的诗歌展现，足见老师知识面广，备课精细。她的课堂生成是多元的、无止境的，也能很好地为学生赋能，很符合现在的“双减”政策。

四、 常态性

能上好每一节常态课的老师才是一位优秀老师！王君老师的这节课不仅有语文老师丰富的文学积累，还有很多关于人生问题的思考，文史哲心理融合于这一堂课，借苏轼的人生，潜移默化地塑造学生的价值观。这节课在广度、深度中显奇招，又在奇招中求落实！学生投入课堂，在课堂中碰撞，学习水到渠成，似没有预设，更多的是生成！有人说这么“高、大、上”的课，不可能是常态课；也有人说，我们日常课，学生能一课一得就不错了，哪里能有那么丰实的积累。但是按照王君老师提倡的文言文教学应从文字层面、文学层面、文化层面去掌握的话，我们需要这样的课。在教学中，从文字、文学再上升到文化层面这种形式要成为一种常态。从王君老师的“见自我、见天地、见众生”和打通“教法与活法”中可知，她日常课也像这节课一样上。把好课上成了常态课，这要多少心血和汗水？

五、 真实性

“教学是一门遗憾的艺术”，这节课的遗憾正体现了课的真实。

记得王君老师在《你在哪一层困境》里提到："我的困境呢？那就更多了。从心所欲不逾矩，活到我这个年龄，这是追求的目标了。但这个目标，好高。'所欲'一定和学养有关。我的学养，常常捉襟见肘啊！'逾矩'倒是我常干的事情。我是信奉最不完美的创新，也比最完美的守成伟大一百倍的。"

从所有的课例来看，王君老师说她的学养"常常捉襟见肘"，这是谦虚。但她的"逾矩"和不"守成"是常有的，而且是很"浪"的那种。她的课纵横捭阖，给学生带来视听盛宴，让学生敞开心扉不束缚，让他们在震撼中挣脱，在冲破中破惑。

也许这一"逾矩"和不"守成"让很多人接受不了，会认为这节课取材太广泛了，用视频，用歌曲，这些会"混淆学生的视听"。在平时工作室的研修中，夏老师就很忌讳这些时髦的东西，认为一切要从教材中来，到教材中去。因此这节课就会变得有争议，被认为太"花枝招展"了，被认为有点"飘"，被认为有点脱离文本了。

但我又想，不管白猫黑猫，抓住老鼠就是好猫。我们要看我们的学生学到了什么，学生的三观受到了什么启发，要看课的聚焦点在哪。这节课的聚焦点在文化方面，探寻古人哪些方面值得我们传承和学习、哪些方面该摒弃。因此，这节课无疑是成功的。

对照叶澜教授"好课的五个标准"，在大语文观下，在"双减"的提倡下，我觉得王君老师的这节课是"好得不得了"的课，能给学生赋能，让学生终生难忘又终生受益，让师生"余音绕梁，恍然在耳"。我是屏气凝神听完整节课的。好课能扣人心弦，让人神清气爽而又激动不已。

落地有声，奏响动人的前奏
——评余映潮老师同课异构《记承天寺夜游》

头一天听了王君老师的《记承天寺夜游》，第二天再听余映潮老师的《记承天寺夜游》，我觉得主办方真是绝了，把这两个名师的课放在一起，真的是别具匠心啊。我们跟着王君老师的广、深、厚、高课中“疯”了一回，还沉浸在她的大语文课中，又被余映潮老师拉回现实，真有点梦幻般的感觉。下面我就按余老师的好课标准来说说这一节课。

一、 思路明晰

余老师认为一节优质课，必须思路明晰单纯。比如他的这节《记承天寺夜游》，在知人论世后，明确地告知学生本次课的训练活动：（1）自读自讲；（2）朗读体味；（3）读背积累；（4）名句品析。

有序地、单纯地组织落实每一项训练活动，这也是余老师的板块式思路的体现。第一板块是自读自讲，思路就是要求学生读课本注释，读补充注释，自己给自己讲课文内容，然后对照译文读。第二板块是朗读体味，就是以一些字词为抓手训练学生的朗读能力，体味作者夜游的兴致，体味作者感慨、复杂的情愫。第三板块的思路是让学生背和积累文言知识，欣赏作者的写法。第四板块名句品析的明确要求是品读名句“庭下如积水空明，水中藻荇交横，盖竹柏影也”的美点。

二、 提问精粹实在

余老师认为提问是一个教师课堂教学综合素养的表现，提问越多，教师素养越差。没有提炼，没有进行有效训练的能力训练点，所以到处问。他反对碎问碎答，要求老师们提炼主问题。

如朗读体味中他提了一个问题：怎样朗读才能表现出它内在的情感？然后设置了三个小台阶：

第一读，读出一点夜游的兴致。怎样把它读好？

第二读，读出一点感慨的味道。哪一句读出对方的内心感慨呢？

第三读，读出一点复杂的情愫。哪些句体现复杂的情愫？

又如名句品析中，品析“庭下如积水空明，水中藻荇交横，盖竹柏影也”，他只设置了这一问题：“这句话美在何处？”洗练准确，正中要点。

三、 品读细腻深入

余老师提出：“欣赏语言表达之美，是语文教学最本质的内容。2011 年新课标，第一次给语文的课程下定义。语文是学习运用语言文字的综合性、实践性课程。品读一定是跟课文的思想内容有关的。”

看余老师是怎么落地有声地响应新课标的。如第三板块，读背积累的训练，每背一次，老师就讲解一些知识，要求学生做好笔记。第一次读背后余老师点评讲解道：这篇短文文字就只一段，但是它的结构是非常美妙的。第一层，有叙述有描写；第二层，有抒情议论。先记叙描写，再议论抒情，议论抒情在文学中被认为是画龙点睛之笔。

第二次背诵后，余老师讲解：“第一层记叙，第二层描写，第三层抒情，结构特色愈加明朗了。”先叙述描写，最后议论抒情，这种美妙章法的三个层次一定有情感波澜。第一层“欣然”，马上感到“孤寂”，自己一个人散步，“念无与为乐者”，一种孤寂的情感就出来了。情感的波澜在这里荡漾了一下，与张怀民同行看庭下的月色，陶醉、赞叹。“庭下如积水空明，水中藻荇交横，盖竹柏影也”，陶醉、赞叹就出来了。最后从文中的结构，我们可以感觉到作者内心情感的波澜。再看第三次背诵后余老师的讲评：“第一层写背景，第二层写情境，第三层写月景，第四层写心境。”两景两境，背景、月景，情境、心境，又是一种美妙的结构。什么是言简义丰，行云流水啊？就是从结构中感觉到的。还有更高标的秘密就是古人写文章非常注重章法，起承转合，哪怕是百字的文章也注意。第一层叙述“起”，第二层接着叙述“承”，第三层笔锋一转写眼前的景物，第四层触景生情表达感慨，所以“起承转合”，“合”表示文章收束啦。我们初一学习过的毛泽东的《纪念白求恩》也有古人写文章的味道，四段起承转合。第三段从国际主义战士转到医术，笔锋一转，也很高明。这种文章的表达魅力是很充沛的。

最后落实到第四板块名句品析：“庭下如积水空明，水中藻荇交横，盖竹柏影也。”这句话美在何处？要求学生根据学习经验、学习积累，结合全文的意蕴来欣赏这个句子的表达之美。学生发言后余老师再进行总结，概括出这句的妙处：比喻精美，静中寓动；画面纯净，镜头清丽；一笔两写，状景达情。

余老师的讲评是由浅到深的，由表达方式、文章的思路、情感波澜到语言表达的妙处、特别手法。每一次的品读都细腻深入，落地有声。

四、 学生活动充分

余老师强调学生观，让学生活动有效充分。实践活动充分，不是浮于课堂表现的，而是有力度的训练性、积累性的。

我们纵观这节课，第一板块自读自讲，要求学生读注释，读课文，自己给自己讲课文内容。我们看到的是集体的训练，我们听到的是学生琅琅的书声。

在第二板块朗读体味中，我们看到余老师的每一次朗读活动都是有要求、有力度的。

第一读：读出一点夜游的兴致。怎样把它读好？圈好以下几个字词——读好“欣然”“亦”“相与步于中庭”的情感。

第二读：读出一点感慨的味道。情感波澜是很重要的，哪一句读出对方的内心感慨呢？读好“念”“盖”“但”三个字，“盖”大概，赞叹，“但”读出重音、拖音。然后老师示范读，读出重音、拖音，要求学生各自尝试。

第三读：读出一点复杂的情愫。哪些句读出对方的复杂情愫呢？看最后的句子。要求读好文中最后三个句子的语气。各自再综合地习练一下，注意语速，不要太快。有兴致的夜游，有人生感慨的夜游，不能用急促的语速表达。

第三板块读背积累，每一次都是有要求的。第一次背诵，余老师要求按照第二板块讲的朗读要求进行背诵，特别是表示欣然的重音，表示感慨的重音，最后一句对复杂情愫的表达。然后学生背，关键句词老师跟读。第二次背诵，要求背出情感的波澜，读出孤寂，读出陶醉、赞叹。第三次背诵，要求注意把握语速、重音。读背后老师讲评时要求学生做好笔记。

第四板块名句品析，品析千古名句“庭下如积水空明，水中藻荇交横，盖竹柏影也”美在何处，要求学生根据自己的学习经验、学习积累，结合全文的意蕴来欣赏这个句子的表达之美；要求学生拿起笔做批注标记，写出自己欣赏这句话美感的关键；要求学生做到静读、思考、批注。

五、 课堂积累丰富

余老师认为，每一节课都要让学生有所收获。“积累”二字在初中、高中课标中几十次地出现。十年来，课标培训专家们居然没有关注到“积累”二字。积累是课堂教学之魂，没有课堂积累，学生还是文盲。积累是青少年成长的园地。

他这一节课中也很好地落实了这一点，他的每一板块、每一环节都体现了积累。在自读自讲中，学生积累文言字词、注释；在朗读体味中，学生积累朗读的要素、朗读的技能；在读背积累中学生领悟作者的结构、情感、心境之美、章法之美；在名句品析中学生掌握了修辞、写法等美点。学生扎扎实实地学到很多文言知识。

思路明晰单纯、提问精粹实在、品读细腻深入、学生活动充分、课堂积累丰富，这30个字是余老师课堂设计的标准，也是余老师的优质课的评课标准。我觉得余老师正是落实了这一优质课的标准，他是聚焦在文字和文学的。如果说王君老师课是“余音绕梁，恍然在耳”，那余老师的课就是“落地有声，奏响动人的节奏”。

学生在文本里“出生入死”

——评余映潮老师《散步》

今天，再次学习了余映潮老师老师的优课——《散步》，我最大的感触是余老师自始至终让学生涵泳在文本里，沉浸在文本里。这让我想到了“出生入死”这个词。

一、“死”在初读浅说中

上课始，余老师让学生用讲故事的口吻读课文，然后屏幕显示了一些词语，要求学生注意字音字形，一读字音，二读字形。让学生用“让我们一起走进美文《散步》，这里，有……”这样的句子概括文意，既简单有趣，又能让学生穿梭在文本里，把握文章的脉络。接着老师总结提示重要语句，屏幕显示让学生进行朗读点评。这一板块以语用训练为抓手，有词语的理解运用，有对文本的研读。对于基础层次的知识、基础层次的能力培养，余老师采用了实抓、强抓的方式，这是“死”任务。

二、“入”在再读品情中

第二板块内容是“文中美句品析”。余老师对学生进行品析能力训练，让学生进一步深入课文。屏幕显示了以下品析方法——话题：深情渗透在这一句。老师示例后让学生用圈点勾画批注方法静读文本，写3分钟句子。由初读到再读，由浅说到品情，再到写，逐步推进。学生在文本里寻找、筛选、穿梭，在文本、字段、句子中浸泡，写出批语。然后学生发言，教师点评后屏幕显示示例语句齐读涵泳。难度提升了，学生学得更深入，学生的能力也就提升了，实为妙计！

三、“生”在深读赏景中

余老师在这一教学环节中，对学生进行品析能力训练——景物描写欣赏，要求学生说出文中景物描写的作用。余老师由全文的读、品转向段落的品析。余老师指导学生先观察写景语段的结构，让学生说出文段分为两层：第一层是写景的，第二层是抒情的。老师明确说出这一段第一层是描述，第二层是议论抒情。学生再一次静读文本，思考文本，进行写作。如果前两个环节是文本的宏观，那现在就是文本的中观和微观了。在老师带领下，学生层层深入文本。写后让学生发言说出景物描写的作用，老师进行讲解，要求学生做好笔记。此环节完成得很扎实，学生在文本的品读里汲取营养。

四、“出”在美读析意上

在对文本进行了看篇、看段、看句后，余老师牢牢地让学生停留在看意上。“意”可理解为文章的中心和主旨或某处的意味。余老师进行了“悠长意味的揣摩”训练，要求学生抓住最后一段以话题“这一段文字意味深长”进行朗读。在这一环节，余老师有三次具体的朗读指导，从重音到节奏再到情感。在教师的指导下，学生的朗读渐入佳境。然后学生进行品析，老师再总结，屏幕显示：意味在于责任、意味在于尊老爱幼、意味在于走向美好……朗读训练与品析训练在这里融为一体。又读又写，综合训练紧紧围绕文本进行。“出”是“活”，是诗意的朗读和品析，是深入文本后的再一次提升，也是学生到此能走出来进行能力迁移的最终目的。

正如余老师所言：“一切阅读教学艺术手法的运用，都是为了引领学生深深地进入课文之中。”初读浅说一再读品情一深读赏景一美读析意，在这个活动链上呈现的都是学生充分活动的倩影，让学生在文本中“出生入死”。只有先“死”才能“入”，只有“生”才能“出”。

常规课中见分晓

——评林映玲老师《湖心亭看雪》

前天，我们组听了映玲老师的常规公开课，她作为一位老教师，从不推辞上公开课，总能从容淡定、认真扎实地上好常规公开课。更难得可贵的是，她随意上的一节常规课也是可圈可点的。

一、 全程扎实高效

映玲老师这次公开课所选的课文是《湖心亭看雪》。青春语文王君老师提倡文言文的教学重在三个层面，一是文字的层面，重在文言的积累；二是文学的层面，重在作者独特的写法；三是文化的层面，重在打通，让古代有价值的思想为自己所用。文字的层面重在积累，积累文学常识、文言词汇（包括古今异义、一词多义、重点实词与虚词等）。映玲老师上的是第一课时，正落实了文言文教学的文字层面，重视文言的丰富积累。先是由诗导入，介绍了作者作品、正字正音后让学生读记；然后让学生结合注释翻译课文，学生展示自主翻译成果，教师校对翻译后让学生朗读；最后教师评点重要词语。整个过程扎实有效，体现课标对文言文的要求：阅读浅易文言文，能借助注释和工具书理解基本内容，注重积累、感悟和运用，提高自己的欣赏品位，也体现了课标对语言教学的要求：语文教学要注重语言的积累、感悟和运用。

二、 知识无缝衔接

“温故而知新”是我们常对学生强调的学习方法，在我们教学中十分重要。映玲老师在这一方面落实得很到位。如在引导学生解释“上下一白”时，这个“一”学生不会解释，映玲老师用学过的课文《岳阳楼记》中的“长烟一空”联系，学生立刻明白“一”的意思是“全”。讲到“惟长堤一痕”中的“惟”，她联系到了“惟余莽莽”中的“惟”。在导入课文时，映玲老师联系到了写杭州西湖的古诗，让学生初步感知西湖的美。这样的例子还有很多。

三、 选点精彩纷呈

授课中，选取重要段落或重要句子进行赏析评讲，让学生举一反三，触类旁通，这一点在教学中很重要。映玲老师的选点体现在两个方面：一是词语方面，二是精读赏析方面。词语方面，她选取了一些关键词进行讲评，如“焉得”“更有”等。句子方面映玲老师选了“雾凇沆砀，天与云与山与水，上下一白。湖上影子，惟长堤一痕，湖心亭一点，与余舟一芥，舟中人两三粒而已”这一段，她先对这句翻译进行讲析，然后进行了精读赏析，重在“三比”。一比：原句“雾凇沆砀，天与云与山与水，上下一白”，改句“雾凇沆砀，天、云、山、水，上下一白”；二比：原句“湖上影子，惟长堤一痕，湖心亭一点，与余舟一芥，舟中人两三粒而已”，改句“湖上影子，惟长堤一条，湖心亭一座，与余舟一艘，舟中人两三个而已”；三比：原句“湖上影子，惟长堤一痕，湖心亭一点，与余舟一芥，舟中人两三粒而已”，改句“湖上影子，惟舟中人两三粒，余舟一芥，湖心亭一点，与长堤一痕而已”。通过“三比”，学生品析了句子的表达效果，明白了白描手法的妙处，也理解了作者苍茫、孤寂、渺小的感受，可谓达到了“一石三鸟”的效果。

四、板书简洁明朗

我们在常规教学中，因较随意，板书会很零乱，无条理，无重点。映玲老师的板书特别简洁、明朗、清晰。她的粉笔字也特别漂亮，给人一种美的享受。我这个粉笔字不好的人，对此更是羡慕不已。能写一手好字，是一个教师的基本功，也是一个老师很大的优势。

也许常规课更能看出老师的基本功，映玲老师不愧是一个“老手板”。但“教学本就是一门遗憾的艺术”，要说映玲老师这节课的不足，那就是感觉内容多了点，应该“聚焦”。说到“聚焦”，难免有取舍，我们在备课中要学会“断舍离”。聚焦中落到“紧扣”二字。在备课、上课中要始终紧扣课程标准，始终紧扣教材、紧扣生本。另外课堂上语言不够精练简洁，出现了一些我们常出现的口头禅，这是我们老教师易犯的毛病，要想法克服。

敢于尝试，方得始终

——评傅云娥老师“学习描写景物”

记得青春语文王君老师说过：“最不完美的创新，也比最完美的守成伟大一百倍。”我佩服云娥老师今天的示范课选择了作文课。她选的是“学习描写景物”。我喜欢上作文课，我在暑假跟随大学生送教下乡时试上过这个单元作文，但我的思路和云娥是不同的。云娥老师说是第一次挑战上作文示范课，我觉得这是一节好课。

一、 敢于创新是这节课的抓手

大家知道，写作课要以写作活动为主，这本来是一个基本常识，但现在很多老师喜欢把写作课上成评讲课，认为写作课就是在课堂上表扬写得好的优秀学生，“批斗”写得不好的学生；有的老师把写作课上成了阅读课，热衷于到名篇名作中去寻找写作的技巧与方法；还有老师把写作课上成了类似的赏析课，把静态的写作知识变成了一张张的课件，老师一路讲下去。

也许有老师认为只有“写作文的课”，没有“写作课”。记得徐杰老师说：“写作课是在老师的指导和引领下，以学生学会写作为目标的有步骤的写作训练过程。”

云娥老师做到了，上出了作文课的基本形态。她的优点是引导学生在赏析总结中运用技巧，不足的是学生观察不够。我个人觉得写景应重在观察，多角度地观察生活，发现生活的丰富多彩，要能抓住事物的特征，有自己的感受和认识，表达力求有新意。

二、 思路清晰是这节课成为好课的因素

我们在听课中曾有这样的情况，听完一节课，理不出老师的重难点。一节课下来，很难让人听出眉目来，那么这节课思路一定是混沌的，教学一定是无序而杂乱的，授课内容也就达不到细致深入了。而云娥老师先让学生在看视频中明确概念——“景物”“景物描写”，然后明确教学过程是从积累到写作训练，教学策略是从图画联想到课文，最后逐步落实，清晰明了，一目了然。

余映潮老师认为评价一节好课的其中一个标准就是：“思路清晰单纯。”因此我觉得云娥老师这节课达到了好课的标准。

三、 构思精妙是这节课的亮点

这节课由图片联想到课文内容这一环节设计甚好，由春风图联想到朱自清的《春》；

由春雨图联想到刘湛秋的《雨的四季》；由月夜图联想到苏轼的《记承天寺夜游》。但不足之处是有点限制了学生的联想和想象，因为当时学生联想到了其他，但后来都限制在那几篇课文了。然后由赏析课文中的精彩片段完成导学案，总结出写景的方法，让学生尝试用所总结的方法进行片段写作。展示学生写作，发现学生写得不够好，老师认为是高估了学生的写作水平。我觉得学生已经不错了，老师要求有点高吧。因为总结出来的方法那么多，学生哪能一下子用上呢？

构思精妙还体现在课件上，我觉得云娥老师的课件制作大气而精致，特别是那几幅联想课文的图片配上动景，实在妙哉！

云娥老师的课，上出了作文课的基本形态，值得大家学习。我刚到华侨中学时听过云娥老师的课，那时上的是列写提纲，记忆犹新！现在时隔九年，云娥老师风采不减当年。这次我特别点名让她和爱玲两个备课组长上示范课，有点“别有用心”或“蓄谋已久”的感觉，说我私心吧，也是为大家好。我们学校优秀的人实在太多了，敢于尝试，方得始终，是自勉也是共勉吧！

第五编

怎样开展线上教学

东方有话说

一、 平台的选择要合理

我们可选择的线上教学平台一般包括钉钉直播、腾讯直播、抖音等。选择的标准是：符合教师教学的一般要求；运行稳定，能保证课堂质量；操作简单，技术门槛低。

二、 师生的准备要充分

1. 师生要转变观念，课堂不一定局限在教室里，可以跨时空、跨地域。

2. 教师熟悉运用技术，学会与学生“共舞”；学生准备好网络、智能手机或电脑等设备。教师认识到在线教学和课堂教学的区别，设计好教学教案，认识到教学不是课本搬家，也不是教师唱独角戏，应是师生互动；学生要有时间管理意识，要自律，要有安静的学习环境。

3. 在线教育不等于直播、录播。

三、 课程的准备要全方位

1. 教学资料。可用有趣、有助教学的网络视频，文本资料要简洁明朗，PPT 设计简单、明了，内容突出。

2. 课前沟通。教师亮明身份及愿景，建立和深化师生关系。

3. 课程前测。试设备，试技术，试沟通，试忍受度，试设计，求反馈。

四、 教学活动设计要科学

1. 课前热身。可播放学生喜欢的歌曲，以幽默的形式进行点名签到，询问设备情况，设计预习活动。

2. 教学目标。结构化呈现，对抗可能的诱惑，恰当展现教师形象，开展多样化互动教学。

3. 教学节奏。在线课程学生注意力低，注意信息传递节奏。

4. 教学回顾。抓住这几个关键词：一分钟、关键词、句子。

5. 课后作业。直播技术反馈，课程笔记分享，反馈的反馈。

2020 年的春天，我也努力过

看到廖振雄校长的《2020 年的春天》，我感慨颇多，翻看日记，重温着 2020 年的春天，重温着那段我也曾努力过的日子！我的努力过或许不值一提，写下此篇，只是给自己一个勉励吧！

2020 年 4 月 21 日　天气：晴朗

早上起来，天还蒙蒙亮，偶尔看到远处的霓虹灯还闪烁着，小区外的汽笛声越发响亮……昨晚没睡好，恍恍惚惚的。接到学校通知，再上两天网课就不用上了，我竟很失落，我咋啦?！我不一直盼望开学能在课堂与学生面对面交流吗？一直焦急哪些熊孩子宅在家，必须快开学。但真的说要开学时竟一时开心不起来了！舍不得相聚线上的那段日子吗?！

2020 年 5 月 11 日　天气：晴朗

直播课结束了，可每每半夜梦中醒来，总有那么一些怅惘，总有点莫名的失落，眼睛竟有些湿润，视线模糊了起来！为我们的努力，还是付出？人都是有感情的，相处了那么一段时间，总有些不舍。真的很感激腾讯课堂的博爱和无私，让我和学生度过了这段艰难的岁月，让我的学生能够在空中参与我的课堂，聆听我的声音！

思绪回到了 2020 年 2 月 18 日，那天接到学校通知因疫情要开展线上教学，当时我是既害怕又期待！这是我第一次上网课，但爱学习的我又珍惜这样的尝试机会，希望能在挑战中有新的体会和发现，因此欣然接受了。我向当时的余国良专家请教如何成功开展线上教学，他给我发来了崔佳老师的语音讲解及课件《向在线教学要质量》，其中包括在线教学平台的选择、教师的准备、学生的准备、课程准备、课程设计、总结六个方面。这对我这个没有线上经验的老师来说是帮助很大的。感恩遇到这两位热心的教育名士！

然后我们同事商定选择了腾讯课堂极速版为线上教学的平台，开始摸索线上教学的种种策略！

我们制作课件，互相视听，然后再讨论交流，有时备一节课都要四五个小时。我和同事们感觉适应教学环境的变化不易。常规教学中，我们在教学设计、课件制作上会充分考虑到学生在课堂上和老师之间的互动，在师生思维碰撞的火花中促进深度学习。但是没有了学生现场互动的课堂，初次面对着摄像机或电脑，很多老师会觉得自己举手投足都是束缚，都是错，经过不断的调整，才能勉强完成教学任务。

我们也感觉充分调动学生状态不容易。虽然是没有学生的课堂，但是在教学设计中，我们仍然是以学生为主体，设想他们在学习中可能存在的问题，用短视频、小动画、时事新闻等穿插在语文课堂教学内容中，希望予以学生更多新的知识关联，让学生保持课堂注意力。如在复习名著时，我借助5分钟看完一本书的短视频，在讲作文课时会用一些简短的有趣的微课讲解知识，学习文言文时会借助经典品读视频等调动学生的积极性。

这一上就是66天！

后来为了给学生健身、减压，我还编录了课间操，因场地和初次录制、咽喉疾患等原因，还不够好，但我努力了！

开学后，受疫情影响，学生相对压抑甚至产生了一些心理困扰，学校把我的这一课间操和另一课间操放到学校邮箱，让各班下载后跟着练！

回首2020年的春天，我也努力过！我是充实的，累并快乐着！现在又到了春暖花开的日子！“自此光阴为己有，从前日月属官家。”白居易为我们放寒假发来贺电！愿一切安好！愿疫情不再来！

2021年1月25日

在线教学成功的三部曲
——聆听“在线教学中如何有效调动学生思维”有感

2020 年 5 月 22 日晚上，我非常荣幸能够以温佛君名教师工作室学员的身份参加南粤名师大讲堂走进梅州暨励教讲坛春季系列“云”会讲第二场次的活动。

这次活动的主讲人是 K12 教育网总编、国际信息学会（中国）教育信息化专业委员会副秘书长、华中师范大学特聘研究员、“中国微课大赛”专家王珏老师。王老师就“在线教学中如何有效调动学生思维”这一主题进行了生动翔实的介绍，我受益匪浅。

下面，我就谈谈自己在在线教学中的一些收获和体会。

一、 有效注意是在线教学的动人前奏

教师在上课时想尽办法制造有效信息，吸引学生注意力，激起学生共鸣，将使教学顺利开展。这就像是动人的前奏总能让人欢欣鼓舞，跃跃欲试。通过听王珏老师的讲解，我更加明白兴趣对在线课堂的作用。我们必须把自己的教学内容转化为学生感兴趣的内容，才能激起学生的有效注意，而且要不断地制造新异信息，才能长久地维持学生的有效注意。

2020 年的春天，我上了 66 天在线教学课，其中最大的感悟就是备课要备学生，中心点是学生，一切能引发学生的有效注意的教学设计、教学课件制作都是有意义的。教学目标力求清晰，课件制作要精致简洁、有趣。我在在线教学中还尝试利用新异刺激，比如视频、动画、奖励等手段吸引学生，同时采用情境变换促进学生的注意。在制作多媒体课件时注意分块呈现教学内容，教学内容分为 15—20 分钟左右的模块。学生集中注意力的时间就只有 15—20 分钟。还要注意促进教学互动，注意有效提问，善用语言互动，利用平台进行深度的讨论，促进有效认知互动。

二、 激发情感是在线教学和谐的交响乐

王珏老师讲到在线教学要激发学生的情感，那教师所设内容就要与学生有关，要多给学生制造参与感，要做简单多次的互动。这是老师和学生紧密相连的纽带。只有学生主动参与了，才能奏响和谐的乐曲。传统教学往往注重教师的命令教学，学生参与度不高。

比如教学《唐雎不辱使命》一文，可以让学生通过网络设计课本剧的形式充分参与课堂教学。因为亲自编剧、亲自参演，学生的学习积极性就被充分调动起来了，也就达到了应有的教学目标。

另外在线上教学时要注重促进深度学习创新，采用生成性的教学策略，可以通过教师提供学习问题和资源列表，学生自主学习后完成任务，让学生更多地对问题或观点进行思考，让每一个学生都成为自主能动的思考者、探索者和学习者。

三、 类比法是在线教学圆满的片尾曲

听王珏老师的课，我明白了什么是深入浅出、什么是复杂的问题简单化。再复杂的问题、再深奥的知识，只要用类比法都能简单易懂。

我们要根据学习者的认知规律、认知水平及年龄特点，恰当使用适合的技术。这要求老师的课件要简单明了，要求老师要钻研教材、吃透所要讲的内容，做到所讲知识连“小白”都能听懂。

我们可以采取“科学制作多媒体课件”“分块呈现教学内容”“善用游戏化思维”等手段科学开展在线教育活动。这个“善用游戏化思维”的基于学习科学的在线教学建议值得我们思考和探索，让学习变得有趣有效，让学生在做中学、在玩中学，寓教于乐。

常规教学也好，在线教学也好，在初中语文教学中如果能够将类比法教学思维落到实处，对于教师自身的成长、对于学生的学习都将是一件幸福的事情。

以上三个方面既层层推进，又相辅相成，就像共同奏响一支完美的乐曲。这次学习不但对线上教学有益，对线下教学也有很多的启发！

在线教学如何做到“教学相长”
——学习“如何科学有效地开展在线教育”心得体会

记得学过也教过这一段话：“是故学然后知不足，教然后知困。知不足，然后能自反也；知困，然后能自强也。故曰：教学相长也。”那时就知道教与学是互相推动、互相促进的，学习了南粤名师大讲堂走进梅州暨励教讲坛春季系列“云”会讲活动第三场会议后我更深切体会到这一点。

一、 教师要成为“腾云驾雾”的主播

时代在变，学生在变。学生的成长特点、心理需求要求教师不断地学习新知识、掌握必要的新技能。要想在在线教学中成为如鱼得水、“腾云驾雾”的主播，必须掌握“十八般武艺”。尚俊杰博士提到的以下几点让我印象深刻。

1. 科学制作多媒体课件

适当使用文字、声音、图片、视频，并力求符合多媒体认知原则；利用新异刺激比如视频、动画、奖励等手段吸引学生注意力，同时可以采用情境变换促进学生的注意和记忆；要考虑在在线教育中，学生基本都坐在“第一排”的因素。

2. 注重促进教学互动

注重有效提问，善用言语互动；注重利用学习平台进行深度讨论，促进有效认知互动；注重在线教育中的“个性化学习”特点；注意给学习者及时反馈。

3. 创新应用学习技术

利用MOOC（慕课）、微课、翻转课堂创新学习方式；利用移动学习、VR（虚拟现实）、AR（增强现实）游戏化学习创设学习环境、激发学习动机；利用大数据、学习分析、人工智能实现个性化自适应学习。

4. 善用游戏化（Gamification）思维

要在教学过程中使用适当的游戏（包括传统游戏和电子游戏），将教学活动设计为游戏，比如设计为闯关游戏等。

这些对我们来说都是挑战，教师必须掌握很多方面的科学和技术，必须有跟上潮流的能力和技能，才能成为成功的在线教育者。

二、 让学生成为快乐的“逍遥者”

学生的需求推动促进了教师的改变和提升，反过来也推动促进了学生的学习，使学习更有趣，使学生在做中学。这有助于提高学生解决问题的能力、创造力等高阶能力，有助于培养情感态度与价值观。学生会成为学习的主动者和设计者，在知识的海洋中遨游。尚俊杰教授提到的游戏化学习、游戏化教学、游戏化阅读案例等，如引导学生自己设计游戏或游戏活动、精心设计游戏化自主学习、翻转课堂等建议都使我受益匪浅。

线上线下的语文教学，我们都可以利用游戏的趣味设计教学流程，充分激起学生的学习积极性。我们可以在网络上找一些适合中学生的小游戏，利用多媒体设计好课件，充分激发学生的学习兴趣。在名著阅读教学中，阅读《朝花夕拾》的篇目《阿长与山海经》，可以引导学生用设计小动漫的形式来完成阅读。因为网络的庞大信息量，学生通过网络很好地合作制作出小动漫，很好地完成了阅读。

三、 教学相长下，教与学将拥有美好的前景

以上两方面做到了，就形成了教学相长的良好态势：教师善教，学生善学，长期下去，将形成美好的前景。这将会是尚俊杰博士说的：“教学促进教育教学创新，推动课程教学变革，促进优质资源共享，推动教育均衡发展，推动组织管理变革，提升教育治理能力，重塑教育流程，打造未来教育。”

这次学习，我深深地认识到自身的不足，也明白了教无止境，要与时俱进，做新时代的数字化老师！衷心希望我们每一个人的努力，让每个儿童、青少年乃至成人都能高高兴兴地沐浴在学习的快乐之中，尽情享受终身学习的幸福生活。

向在线教学要质量，我们一直在努力

就目前我校（兴宁市华侨中学）的课堂教学情况来看，它已经在很大程度上突破了以往的教学模式，在教学内容、教学情境以及教学评价等方面都做出了很大的改变，逐渐地与信息技术相结合，形成了一种新的教学模式。这在很大程度上推动了当代课堂教学的发展。因此，融合在线教学与现场课堂教学是很有必要的。

一、 我们在学习中提升

为开展在线教学，我们对钉钉和腾讯课堂直播等平台的使用进行了培训和交流，让每个老师都懂得怎样使用平台来为我们的教学服务。

我们参加了南粤名师大讲堂走进梅州暨励教讲坛春季系列“云”会讲活动的学习，聆听了王珏专家的“在线教学中如何有效调动学生思维”讲座。我们明白了在在线教学中要怎样发展学生思维，要制造新异刺激，引起学生的有效注意，然后激发学生情感，用类比法让枯燥的内容变得简单有趣。我们聆听了尚俊杰博士“如何科学有效地开展在线教育”的讲座。尚俊杰博士从“如何正确看待在线教育”“如何有效开展在线教育”“如何让在线教育更科学”“如何让在线教育更快乐”和“如何超越在线教育”五个方面进行了精彩的阐述。讲座中提到的很多教学建议具有很高的实用性和指导性，让我们在迷茫中找到了出路。

二、 我们在实践中成长

为进一步落实新课标理念，向在线教学要质量，构建高效课堂，提高教师的专业素养和教学能力，夯实教师驾驭课堂的基本功，我们举行了以“师者匠心·众行致远”为主题的高效课堂网上直播教研活动课。

实践一　“导”环节：教师教学手段多样，深入分析学习目标。

道德与法治课上，袁小梅老师讲授“关注未成年人健康成长”复习课，导入生动形象，与时政热点、生活场景、预测题型方向融合在一起，彰显经典范例、对点训练、知能提升、成果展示等一系列互动合作的高效活动。

杨浩华老师讲授八年级英语下册 Unit 6 Section B 2a—2e，科学制作多媒体课件，利用新异刺激比如视频、游戏等手段吸引学生注意力，调动学生自主学习、合作探究，让课堂动起来、活起来，有趣味性地传授知识。

实践二　“思”环节：学生独立思考，教师了解学生动态。

语文课上，练靖老师依标循本，传授如何有技巧地复习中考课外文言文专题内容，采用“五步三查”课堂教学模式，精准调动学生思维，引导学生积极思考。

刘苑芳老师创新应用学习技术，利用MOOC、微课、翻转课堂创新学习方式，注重与学生的交流、合作、思考、引导贯穿课堂。

黄小健老师设计闯关游戏，采用思考竞赛、奖励小五星红旗等方式激励学生不断挑战自己，领会古诗词《望岳》，最后以《经典咏流传》的歌曲形式激发学生背诵诗的兴趣，营造了学生学好诗、唱好诗的氛围。

英语课上，吴国萍老师教态自然，亲和力强。以袁隆平院士的视频实例导出，逆向思维引导学生主动思考，思路清晰，学生讨论气氛浓厚，学得轻松愉快，培养学生自主合作探究能力。

实践三　“议”环节：学生在小组间合作学习，交流讨论解决问题。

黄琼梅老师用高超的教学技巧、流利的口语主讲的初一英语Unit 9 Section A 1a—2c，转盘活动创新，从现实生活中取材，分组活动和合作、竞赛、视频、唱歌等活动激发学生的兴趣，调动学生的学习气氛。

宋思婷老师采用高效课堂的教学模式，以学生为主体，精心制作多媒体课件，运用视频方式在情境转换中学习台湾，使学生在自主学习、合作探究中获得地理知识。整节课学生自主性强，始终呈现出饱满的学习热情。

实践四　“展”环节：学生展示其学习成果，并提出疑问。

黄添清老师采用“211”课堂教学模式上了一堂别开生面的篮球运球教学公开课，老师把体育动作放到班群上，然后让学生模仿拍下视频，在课堂上通过课堂网络平台展示。老师的导和学生的学配合默契，重难点突出，调动学生自主学习、合作探究的积极性，是节成功的体育示范课!

钟洪锋老师执教七年级数学下册第五章第三节简单的轴对称图形（一）的教学展示活动课，适当使用文字、声音、图片、视频，并力求符合多媒体认知原则。采用了“三段五步法”，培养了学生的数学思维方式、合作与探究能力、动手操作能力等数学核心素养，充分体现了以学生为主体的高效课堂。

潘伟平老师采用高效课堂教学模式，教学思路清晰，学生讨论气氛浓厚，师生配合默契，重难点突出，老师的导和学生的学恰到好处，进一步培养学生自主合作探究能力。

何彩莲老师上“海风，海潮，渔歌”美术公开课，引用歌曲《大海》和采用各种版画种类，导入本课的主题“卡纸雕刻画”，思路清晰，目标明确，突出学生的主体地位，学生运用投屏主动展示《海的风景》的作品，注重有效提问，善用言语互动，让学生感受到学习美术的乐趣。

实践五　“评”环节：教师点评，突出教学重点。

为激发学习者的学习积极性和正确导航，教师要向学习者及时反馈其学习情况，及时反馈要求教师的调控从宏观纵深到微观。

历史课上，童愉萍老师讲授“香港和澳门回归祖国”一课，运用小组讨论分析、合作学习，结合地图讨论香港、澳门问题的由来，渗透着爱国情感和民族自尊心、自信心教育。

化学课上，高清霞老师以生活中的实例引出“物质的除杂”主题复习课，借助实物突破重点，耐心解答学生的疑问，提高学生动手能力、观察能力、解决问题的能力，突出了课堂的高效性。

实践六　“检”环节：老师引导学生回顾所学。

初三陈春霞老师的“专题复习之选择题的解题技巧”公开课，在引导学生参与个体自主学习、小组合作学习，运用网络平台进行学习成果展示等系列教学活动中，如鱼得水，游刃有余。陈老师充分运用信息技术，课堂容量大、效率高，创造了一种能让人耳目一新的高效课堂新模式。课题选材百分百切中中考提分策略，老师讲解声情并茂，学生展示自信满满。

此次线上教学活动中，每位教师都精心备课，充分运用多种教学手段以及多媒体，将高效课堂教学理念渗透到教学环节中，注重教学情境的创设和课堂探究。教师教学思路清晰，多媒体运用娴熟，学生课堂表现积极性高，师生之间互动性强，展示了较高的教学水平，取得了很好的教学效果，驱使了个人成长！

三、　我们在观摩中进步

为提升我们的教学技能、促进我们的专业成长，给我们搭建一个相互交流、相互学习、相互促进、相互提高的平台，鼓励、引导我们探索课堂教学规律和方法，不断提高课堂教学实效，2021 年 7 月 12—14 日，第十届全国初中语文教师基本功大赛暨教学研讨会通过腾讯会议在线进行直播。我校组织学校教师开展了“云研讨”，在线观摩了本次研讨会。

本次研讨会通过学术报告、优秀课例评比、说课展示、课堂教学大赛等方式向与会教师们展现了一场丰富的精神盛宴。教学因交流而多样，课堂因互鉴而提升。参赛教师们精心准备了展示材料，科学设计了教学环节，合理运用了信息技术，将图、文、声、像等表现方法有机结合，通过灵活多样的师生互动充分调动学生的积极性。他们扎实的基本功、精巧的教学设计，充分展示了初中语文教师的风采，让评委们感受到了后起之秀的实力。

这给我校教师打开了新的大门，推动了我校的教学改革。我们将以本次活动为契机，在今后的课堂教学中博采众长，不断探索，努力实现高效课堂和高质量的教育。

四、我们在反思中飞跃

在线教学师生深度融合中的每一步都离不开资源的支持参与。为了支持学习者的主动探索和完成意义建构，为学生提供各种信息资源成为教师必备的能力之一。教师要能在短时间内根据教学目标、学生特征、知识特征高效地收集与之相关的各种教学资料与信息；能对与学科知识关联较紧密的信息保持很强的敏感度；能娴熟地运用网络搜索、在线交流、扫描和打印等方法获取信息。教师要能对获取的信息按学科教学和课程整合的需要分门别类地加以归纳分析、去粗取精，达到为我所用。

学生的需求推动促进了教师的改变和提升，反过来也推动促进了学生的学习，使学习更有趣，使学生在做中学，提高学生解决问题的能力、创造力等高阶能力，有助于培养情感态度与价值观。学生会成为学习的主动者和设计者，能在知识的海洋中遨游。

我们在摸索在线教学中遭遇到不少“痛点”：

1．“贪多嚼不烂”现象

我们在备课中常出现课件制作不合理，内容多而冗杂，学生不能好好消化的问题。为此我们常进行讨论，进行聚焦，精简内容。学校也要求各备课组进行集体备课，研究确定课件内容。

2．“水火不相容”现象

这点主要是我们运用的信息化技术和我们授课的内容不融合，出现南辕北辙的情况，尤其是德育、体育与健康、美育等教学不能很好融合。这时学校采取相应措施，常进行网上听课、评课，常进行及时更正和打补丁。

3．“教学不相长”现象

我们利用网络的初衷是服务教学、利于教学，但在融合过程中把握不好就会出现教与学背道而驰的怪现象。对此，我们要求老师要熟透教材，明白教什么、怎样教，然后考虑如何去体现。

4．“满天狗子汪汪叫”现象

这是我们客家人的一种说法，大体意思就是不统一步调，各喊各的，各干个的。比如教学进度不统一、考核测评不统一，比如我们在有微课或视频时，有些班下载的是腾讯播放器，有些班下载的是 QQ 影音播放器，结果导致网卡住，看不了，或出现声音嘈杂，听不清。对此，学校可以强制统一用 QQ 影音播放器。这一点还可表现在以学校、班级为单位不能有效整合，不能形成强大的战斗力。对此学校要求统一用企业微信，班会课统一课件、统一步调。

针对这些“痛点”，学校还强化了备课流程：备课分工—个人单元备课—集体备课—个性化修改—教学反思修改；备课原则：“三公开”“四定”“五统一”“六备”。

“路漫漫其修远兮，吾将上下而求索”，有效应用基础信息技术，向在线教学要质量，我们一直努力着。让我们做不断学习且不断成长的老师，在线教学亦有四季灿烂！

（苏亦华老师对本文第二部分“我们在实践中成长”提供了重要素材）

第六编

怎样写教学论文

东方有话说

一、 期刊论文的结构形式

1. 题目

从内容看：话题式、论点式

从形式看：主标题加副标题、一个主标题

从句式看：两个短语、一个短语、化用名家言论

2. 署名：文责自负、有读者意识、宣称知识产权

3. 摘要：核心内容、核心观点、140 字以内

4. 关键词：名词术语、逻辑组合、3—5 个词

5. 正文：绪论提观点、本论分析、结论回应

6. 参考文献

二、 论文主体框架如何建构

1. 建构论文提纲：中心论点 + 分论点（先要围绕问题提出观点）

追问：我要回答的问题是什么？教的内容是否合理？为什么要这样教？怎样的教才是有效的？写作层级序号：

一级序号：一、　二、　三、　　二级序号：（一）　（二）　（三）

三级序号：1.　2.　3.　　四级序号：（1）　（2）　（3）

五级序号：①　②　③

2. 阐述观点 + 实例解读：有理有据分析论证，可以援引理论进行分析，可以列举事实进行实证。

以下是我的一些论文。

让学生体验到学习文言文的快乐

文言课文怎样教呢？相信大部分语文教师都采用传统的教学方法。为了理清词句，很多老师先一字一句讲解、一句一句翻译，然后分析文意、总结各类词语，让学生记忆。这样教学使得文言文教学像“剥骨”一样细致、烦琐，不但学生听得索然无味，且效率低，占时长。我尝试过用以下方式实现文言文的高效教学，让学生体验到学习文言文的快乐！

一、 让学生“裸读”

记得一个古老的故事：小孩出生后，让他舔粘有蜂蜜的书，由此启蒙孩子，让孩子感觉到书是甜的，从而喜欢阅读。在我看来，这就是初步的“裸读”。让孩子尝到甜头，有收获感。现在的学生学习文言文，往往依赖资料书，依赖老师的评讲、翻译。在文言文教学中很需要这种“裸读”，不借助任何参考资料，只用好单元阅读提示、课文旁批、课后练习题，让学生去读课文，去感知课文，寻找自己的触发点、收获感。可依学生层次分小组合作来完成。基础差的学生可要求他们先读顺课文，借助单元提示简介作者、简介写作背景，然后推荐几个成员给全班朗读、简介作者、简介背景；基础中等的学生可叫他们完成课后练习题中的词语解释题、基础题，然后推荐成员给全班讲解这些题；拔尖点的学生可让他们跳过前两步，要求他们互读互译全文，然后推荐成员给全班同学范读、试译全文。试译时要求他们第一步进行“裸译”，即依字面进行一字一词的直译，然后再进行意译。这样学生会注意到词类和句子意思的变化，注意到不同词类的用法和不同句式的翻译。

二、 让学生“分泌内啡肽”

在学生中流传着这样的说法：一怕周树人，二怕文言文；三怕写作文。让学生克服这种畏惧心理对文言文教学有着重要的作用。

内啡肽是运动后体内会分泌的物质，会令人产生愉悦感。内啡肽，可以改变一个人所有的负面情绪，改变对自我的认知，让人变得积极向上，甚至可以改变人的外表。科学研究表明内啡肽分泌可以提高学习成绩，加深记忆。因此促进内啡肽的分泌，让学生能体验到学习文言文的快乐，将能使文言文教学实现高效。

那如何刺激内啡肽的分泌呢？让学生突破自己的极限，“爬上山顶看到远处的风景”；

让期待的事变成现实，让他们享受自己努力克制或争取之后的那种获得感。如把一堂课最重要的问题设置成各种情景，让学生产生一些效应。我觉得学习一篇课文最重要的是弄清四个问题：写了什么（内容），为什么写（主旨、知人论世），怎么写的（手法），写得如何（效果）。解决第一个问题，我采用创设情境法，让学生激情参与朗读，配乐朗读、朗读大比拼、让学生诵唱或让学生仿照经典歌曲谱曲改唱课文。学生熟读成诵，快乐理解内容。对于第二个问题，我常会采用一些与课文有关的喜闻乐见的短视频或一些好的微课，以此激发学生的学习兴趣和持久性学习，从而帮助学生掌握。对于怎么写、效果如何，可故意设一些障碍让学生爬爬、跳跳，历尽艰辛后实现目标，尝到苦尽甘来的喜悦感；也可设置多种集体活动，让学生全员参与，如接龙式说重点词、建读书笔记卡、互相评讲、互相听读等。

三、让学生"摸爬打滚"

"摸爬打滚"原是指经受各种各样的艰难磨炼，在这里是指让学生翻翻跟斗或吃点苦头去完成学习任务，找到成就感！

在文言文教学中，为提高效率，我们可采用"群文阅读"，依据各种内容分类进行。依写作特色进行分类；或对主旨相同或相对的进行分类；或依文体进行分类；或依选材进行分类；或依其中的某一写法分类。让学生大量快速阅读文言篇章，在"摸爬打滚"中培养文言文学习的各种能力。

"摸爬打滚"式也可用在一篇文章中。如对于一些比较长的文言篇章，我们可采用"以目带纲，长文短教"的方法，如《陈涉世家》《送东阳马生序》《出师表》等课文可通过设置关键问题去串起整篇文章，起到"以目带纲"，让学生连滚带爬去梳理长文，达到长文短教的高效。

"摸爬打滚"还可指对重点内容的掌握积累。一篇课文的重点虚实词、古今异义词、词类活用，经典课文的背诵默写，文章的结构、写法主旨……这些内容必须让学生在"摸爬打滚"中去掌握和积累。

四、让学生"淘金"

有天在网络上看到"淘金者如何淘金"这个话题，我突发奇想，其实文言文的阅读和教学也可以"淘金"。我尝试过"淘金式"阅读、"淘金式"教学法。"淘金式"阅读是让学生趣味阅读，在文中"淘金"。"淘金式"教学法是指学生在教师的引领下，紧紧围绕一个任务活动中心，在完成淘金任务的驱动下，寻找出文中美的、值得探讨的亮点，主动进行深度学习、趣味学习的一种教学方法。选入中小学课本的文言篇章往往是文质兼美的，翻开能找到厚重的历史，驻足就能看见"爱国忧民"的茕茕身影，侧耳便能听见“报国建功”的铿锵之音，俯身便能找出优美的章法……我们可让学生淘出文中的主旨，淘出文章的写法，淘出文中写得好、写得美的句子，淘出自己喜欢的句子……通过“淘金式”阅读和“淘金式”教学，学生能对文本进行深度阅读，得到美的熏陶。

五、 让学生“碎碎念”

这里的“碎碎念”是指让学生持久保持这种希望感、价值感、喜悦感、舒服感，让学生沉浸在和谐民主的课堂氛围中。比如让学生以“我的收获”来畅谈自己对课文的把握情况；少打击学生，多挖掘学生的长处并及时给予鼓励；少评价，多启发；勤关注课堂沉默者，给予适当的鼓励等。

建立合作小组并制定小组合作规则，给予他们在课堂上合作的机会，在遇到学习困难的时候，比如答题错误，可求助自己的好友；给予学生主动帮助其他同学回答问题的机会；以“我的作业我做主”设计选做和必做，让不同层次的学生合作完成不同的作业；还可通过肢体去阐释某个难懂的理论。

让学生体验到学习文言文的快乐，让每个孩子都身披温暖铠甲，可经“风霜”，可御“严寒”。这是文言文最基本的高效教学。

课堂导入方法探讨

语文文本的内容丰富多彩，如果导入千篇一律，会让人提不起兴趣，会影响教学效果。精心设计导入，激发学生的学习兴趣，充分调动学生学习语文的积极性和求知欲，就能收到事半功倍的效果。

常见的导入方法有：分析题目、介绍作者、了解写作背景等，我还尝试了以下几种导入方法，和大家交流探讨。

一、 看精彩视频导入

精彩的视频，能引起学生注意，激发阅读兴趣，引起联想和想象，对于难理解的知识点或重点段落能让学生举一反三，更好地理解文本的重点。

如学习《北京喜获 2008 年奥运会主办权》时，我先让学生看喜获奥运会主办权的精彩瞬间。在学生被精彩视频震撼着、感染着的时候导入本篇课文。然后让学生饱含感情地朗读课文，体会中国获 2008 年奥运会主办权的喜悦之情。在讲第二课时时我借用了《新闻联播》视频中的钓鱼岛事件导入来讲新闻知识，使枯燥的文体知识变得浅显易懂。

二、 听轶闻趣事导入

针对学生爱听奇闻轶事的心理特点，在导入新课时可讲述与教学内容相关的故事趣闻，来开拓学生的思路。如给初一新生讲形声字时我给学生讲了个故事：

从前有个财主少爷，读了几句诗，喜欢耍些小聪明戏弄人。一次，他外出游玩，见一名年轻的妇女在木桥上淘米，便嬉皮笑脸地对她哼道："有木便为'桥'，无木也念'乔'；去木添个女，添女便为'娇'；阿娇休避我，我最爱阿娇。"那妇女瞪了他一眼，心中十分厌恶，略一凝思随即不客气地回敬道："有米便为'粮'，无米也念'良'；去米添个'女'，添女便为'娘'；老娘虽爱子，子不敬老娘！"少爷讨了个没趣，只好转身溜了。

这个故事的对诗，是利用形声字来押韵的。"桥""娇""娘""良"都是形声字。然后跟学生讲明形声字就是由这样两部分组成：一个字表示这个字的意义，叫形旁；一个表示这个字的读音，叫声旁。

在教学《天上的街市》时，我先给学生讲"牛郎织女"这个民间故事，然后导入新课。牛郎织女，一年只有在七月初七这天才能在鹊桥上相会一次，平时被阻隔在天河两岸，难以团圆，给我们留下太多的感慨和遐想。但郭沫若却怀着对未来美好生活的向往展开丰富的想象力，创造性地运用了“牛郎织女”这个民间故事，为我们写了一首清新的抒情小诗——《天上的街市》……

三、 优美歌曲导入

经典歌曲以其优美的歌词、动人的旋律，征服了一代又一代人。教学过程中，根据文本需要选择恰当的歌曲让学生欣赏，营造一种特殊的氛围，来唤起学生情感的共鸣，自然导入。

如讲《鲁提辖拳打镇关西》，我给学生播放刘欢的《好汉歌》：“大河向东流哇/天上的星星参北斗哇/说走咱就走哇/你有我有全都有哇/路见不平一声吼哇/该出手时就出手哇/风风火火闯九州哇/嘿儿呀……”学生欣赏歌曲，选取喜欢的歌词。好多学生答出“路见不平一声吼”时，引出《水浒传》一百零八个好汉都有打抱不平的故事，我们今天学习《鲁提辖拳打镇关西》，就是《水浒传》中一个有关花和尚打抱不平的故事。

四、 煽动情感去导入

运用情感的力量把学生引到课文的情境之中，以情激情，以情煽情，引起学生的共鸣，促使学生产生对新知识的兴趣。如在讲授朱自清的《背影》时我这样导入新课：都说“父母爱子女如长江水，子女爱父母如米杆长”，可见父母爱子女是绵延流长的，是无限的，而我们回报父母的爱却是有限的。父母含辛茹苦地养育我们，无微不至地照顾我们……我们这节课学的课文就是讲一个父亲在艰难时期是如何关爱自己的孩子的。

五、 温习名言，诗词导入

为了使学生尽快地把握文章思路，常常要针对文章用些富于启发性的名言、诗词，引导学生进行联想和想象等，使学生快速进入教师预定的教学设想中，这就是所谓的思路导入。

如教朱自清的散文《春》，我这样设计导语：古往今来，不知有多少文人墨客描绘过春天，赞颂过春天，请学生们回忆一下古代诗人描写春天的佳句。杜甫笔下的春雨善解人意，“润物细无声”；王安石笔下的春风，浩荡千里“又绿江南岸”。接下来我让学生背诵了两首描写春光美丽的富有优美意境的古诗。那么今天我们学习著名的散文《春》。在散文家朱自清的笔下，春又是怎样的呢？学生听了这样的导语，已到了未见其人先闻其声的境地，还没读《春》，就已沉浸于浓浓的春意之中。这样顺势一引，学生思路自然与文章思路及教师讲解的思路统一到一起来了，这样就达到了使学生快速进入教师预定的教学设想中的目的。

此外，还可以用一些感人至深或令人警醒、给人启迪的名言警句去导入课文，让学生受到启迪而快速入文。

六、 借用实物导入

在开新课之前，适当运用与文章相关的物体去导入，能制造悬念，激发好奇心！

如我在讲《清兵卫与葫芦》时，拿了一个葫芦给学生看，学生一下子兴趣盎然。然后说道，就是这样一个普通的葫芦却让一个日本男孩热衷痴迷，而他的家人和老师却不允许他去喜欢，从而让他担惊受怕，最后被迫放弃对葫芦的至爱。今天我们学的课文就是这个孩子的故事。

如在讲说明文《花儿为什么这样红》时，我抱了一大束五颜六色的花走进教室。然后问他们：为什么大自然中会有万紫千红的花？

七、 巧用插图导入

语文教材配置了很多插图，这一教学资源常被忽略。要善于利用这一直观形象的教学资源，巧用插图导入。这些插图形神兼备，能帮助我们感知、理解文本。我们要引导学生细心观察、形象描绘、合理想象，这样会起到预想不到的效果。

如在讲《废墟的召唤》时，我先叫学生观察文中的圆明园遗址图。学《秋天的怀念》时我曾让他们看图中史铁生满是笑容的脸，让他们猜这是怎样的一个人，然后引导他们看课文描写的关于“我”的情况，要求他们思考教材为什么选择了反差这么大的一个图，这样他们就能很好地归纳文章主旨，体会作者的改变了。

八、 动手做实验去导入

实践出真理，对于一些抽象的内容我们可以采取做实验的方法帮助学生了解。如在讲《花儿为什么这样红》时，我给学生准备了醋、肥皂水和粉红色的花，学生自己亲手把这花放到醋里，观察花色的变化。通过这样的实验把抽象的内容具体化，把复杂的问题简单化，让学生明白形成万紫千红的花主要是花青素在起作用。

导入的设计不仅要适合文本内容，还要考虑学生的兴趣爱好，这样才能最终达到集中注意力、唤起兴趣、快速进入文本的目的。

（此文发表于2014年《广东教学报》，荣获梅州市初中论文评比一等奖）

语文教学应培养学生的想象力

我看过一个报道，谈到一个家长状告幼儿园的老师，理由是老师提前教了字母“O”，使她小孩缺失了对字母“O”的想象。因为在未教这一字母之前，这小孩可以把老师在黑板上画的圆圈任意想象为月亮、苹果、盘子等。这不得不让我们教者深思啊。想象孕育着智慧，孕育着创造。“想象是人类最美的花朵”，中学生思维活跃，想象力丰富，因此，在语文教学中我们要努力挖掘和利用教材中的想象素材，启发学生大胆想象。

一、 从语言训练中培养想象力

在课堂教学过程中，我重视对学生进行用语言描述想象内容的训练。如教《迢迢牵牛星》时，我让学生结合中国古老的神话传说，想象只能“隔河遥望”的牛郎织女是怎样生活的。如学完《骆驼寻宝记》，我用古典音乐激发学生口头描述骆驼得宝后沙漠的变化情况，并且要求学生根据想象用自己的语言流畅地、准确地表达出来。这样给学生提供了想象的空间，激发了学生学习的兴趣，学生不但锻炼了想象力，而且由于语言的调节还提高了想象的水平。

二、 从写作训练中培养想象力

如在教完小说《孔乙己》时，我依据孔乙己的不同时段创设了音乐情境，让学生依据自己的生活积累，展开大胆合理的想象，塑造出不同的人生旅途和命运的孔乙己形象。

在教学中我会依课文创设不同情境让学生续写文章，如《清兵卫与葫芦》，我用葫芦、画等实物让学生续写清兵卫喜欢绘画后的情况。我会让学生欣赏着优美的风光编写寓言，让他们张开想象的翅膀去飞翔。

三、 从文本对话中培养想象力

文本的作者与学生，他们的人生阅历、文化底蕴、思考背景、语言修养都不可能在一个层面上，这中间的距离有时简直难以逾越。教师需要运用想象在这中间架设心灵的桥梁，让学生走近作者，与文本对话，从而达到心灵上的沟通和内涵上的感悟。如鲁迅的小说《故乡》结尾写道：“我想：希望是本无所谓有，无所谓无的。这正如地上的路；其实地上本没有路，走的人多了，也便成了路。”小说结尾用“路”来比喻希望的有无，揭示小说的主旨，留下了悬念。教师可引导学生通过想象“路”的形成离不开人们的开辟、行走，来领悟作者的弦外之音，让学生很快把握住了小说的主旨，从而水到渠成地培养了学生想象力。

四、从激疑问难中培养想象力

教师分析作品时，不能靠师问生答，而是要深入钻研课文，寻找最能触发学生想象思维的地方。设置一些问题，激疑问难，诱发他们的想象能力。如《我的叔叔于勒》一文，当说到菲利普一家看见卖牡蛎的穷于勒极力躲避时，我趁机向同学们提问："假如现在遇到的于勒是一个腰缠万贯的人，故事的结局又会如何呢?"让学生展开合理的想象，结果学生构想的结局异彩纷呈。

五、从破释空白语言中培养想象力

空白语言即作品中被省略了的语言，它是作者为力求含蓄而留下的语言空间，这给读者留下无限的想象空间，教师要善于挖掘这一语言空间。如在学习《一厘米》时，当学到"小也被妈妈吓坏了，拿着残月一般的瓜皮战战兢兢，但圆眼睛盛满不服"时，我让学生展开合理想象，描述一下小也此时的心理活动。在学习《木兰诗》时，文中很多略写部分也可作为空白语言让学生进行想象，想象木兰在战场上的飒爽英姿，想象她从军时如何与战友相处，躲过了战友的眼睛，使战友同行多年却不知木兰是女郎。这些起到了"一石激起千重浪"的教学效果，拓宽了学生的思维空间，使学生兴致勃勃地参与想象，从而培养了他们的想象力。

六、从补充想象中培养学生的想象力

诗词的语言跳跃性大，省略了许多关联。可以引导学生根据生活积累，扣紧诗词中的意境，进行补充想象。在赏析《清平乐·村居》时，当教到"最喜小儿无赖，溪头卧剥莲蓬"这句诗时，我让学生重点理解"无赖""卧剥""最喜"等词，想象出一个童真毕露、淘气可爱的儿童。在教《茅屋为秋风所破歌》时，谈到诗句"归来倚杖自叹息"，指导学生认真品味"叹息"一词，从而想象出一个年老体迈、面对调皮儿童万般无奈的杜甫形象。通过种种训练，学生把精美的诗句变成脑海中的一个个鲜活形象，再现了诗人创造的形象，锻炼了学生的想象力。

只要我们从文本特点出发，善于挖掘其中的想象素材，运用多种鲜活的教学模式，持之以恒地对学生进行训练，那么学生的想象力必将生根发芽。

（本文发表于2012年《梅州日报》，选入《兴宁市中小学优秀论文选》一书）

中学语文阅读教学方式探究

中学阶段，学生对于语文阅读内容的理解与认识有所差异，往往不能正确理解阅读中的内容，所以在阅读中出现的差错较多。因此，在语文教学中，还需要语文教师加以引导，使学生掌握阅读能力，并逐渐培养学生的阅读技巧，以使学生能够准确解读阅读问题。

一、 问题导向教学

在中学语文阅读中，学生常常会出现这样的情况：阅读文章，常常会将注意力放在文章的主体内容上，注意力也被文章中的内容牵引。因此，在阅读文章过后再看阅读中的问题时，学生往往找不到问题的关键；再从文中查找阅读内容，也无法找到具体的语句进行说明。还有学生理解阅读中的内容，但是却无法用自己的语言表述出来。基于种种情况，我认为，问题导向教学能够帮助学生深入理解文章内容，并找到解决问题的方法。

如在教授《散步》这篇课文时，我将此课文内容作为阅读文本为学生进行讲授。为使学生能够理解文章的主要信息，我在让学生阅读之前，先以问题形式引导学生进行思考："在大家阅读这篇课文之前，老师先给大家提一个小小的问题：为什么文章的名字是《散步》呢？希望大家阅读过后，能够告诉老师答案。"这样便以问题的形式使学生在阅读过程中始终关注着这一问题，并在阅读中不断思考。阅读过后学生便会对此问题有初步的了解，之后，我再稍加引导，学生便可准确说出问题的关键信息。于是我问学生："大家说这篇文章中描述的一家人正在做什么呢？"学生便很快就能够答出"散步"。我接着引导学生深入理解文章的题目："没错，散步是他们正在做的事情，以此作为文章的题目有什么好处呢？"学生便接着回答："可以点题，这件事也是文章的主要线索，用这个作题目可以概括全文的中心。"由此可见学生在我多重问题的引导下，能够逐渐说出自己对于问题的理解，这也正是对文章重要问题的解读。

二、 情境创设教学

学生在阅读文章时，由于自己见过的事物较少，阅历较浅，对于部分文章的理解能力有限，无法想象其中描述的具体内容。在这种情况下，还需要语文教师运用情境教学的方式，为学生创设一定的学习情境，加深学生对于阅读内容的理解与认识。在情境创设过程中，可以用为学生播放视频、音频等方式帮助学生认识阅读中的内容。

如在教授《苏州园林》这一课程内容时，学生对文中所描述的“花墙”与“廊子”没有什么认识，对文中所说的园林景致之美也无法体会，让学生解读课后的阅读问题时，学生便无法进行正确的解读。在此情况下，为使学生能够了解苏州园林的景致特点，我在课上便用多媒体为学生播放了带有苏州园林特色的图片，使学生能够从图片中了解苏州园林的美妙，由此，便能够理解文中所说的一些建筑名词，并对苏州园林的布局特点有更为深入的认识。以此方式进行教学，便能帮助学生理解阅读中的内容，使学生的阅读能力有所提升。

三、 任务自主教学

在教授学生学习阅读的过程中，为学生布置学习任务的形式能够促进学生主动进入到语文学习之中，使学生掌握阅读的方法和策略，并逐渐改善学生的学习习惯，让学生养成自主学习的良好习惯。在完成任务的过程中，学生还可以与其他同学进行互助合作，这种互助的形式更能帮助学生了解不同的学习观点，从而扩展学生的认识与理解。

如在教授《回忆我的母亲》这篇文章时，我通过为学生布置学习任务的形式，让学生自己学会阅读，并试着解答阅读中的问题。对这篇文章的学习，主要是通过文章内容让学生了解母亲的美好品德，体会作者对母亲的怀念。因此，我为学生布置的学习任务是：通过阅读文章，说说你受到的启发，说说文中哪些事情体现了母亲的哪一方面的美好品质，并将课后习题做好。学生在阅读之后，通过了解文章的主要信息，认识到文中母亲所具备的勤劳简朴、宽厚仁慈、坚忍顽强等美好品德，并以此来阐述自己从中受到的启发。由此，可以了解到学生对于阅读内容已经有所认识。且在阅读过程中，学生遇到难以理解的问题，往往能够运用手机和网络进行查阅，这也丰富了学生获取知识的途径。

总之，在中学语文阅读教学中，问题导向教学能够使学生带着问题进入阅读，从而引导学生获取正确的阅读信息；情境创设教学能够帮助学生了解更多的阅读内容，使学生对于文本中描述的事物认识得更为全面；任务自主教学能够使学生深入理解阅读，并掌握学习的方法和获取知识的途径。这几种教学方式对于学生阅读能力的提升均有重要作用，能够在教学过程中不断培养学生的学习能力。

（本文属市级课题论文）

课外阅读对中学生的作用

学好语文有很多要素，但最核心、最根本的方式是阅读。在语文学习上没有阅读量的沉淀是不行的。阅读贫乏的人，一定是语言贫乏的人，同时也是思想贫乏的人。大量的课外阅读对一个人的成长起着重要作用。

一、 阅读促成孩子的智力发展

教育家苏霍姆林斯基对青少年阅读有很多研究，他对阅读与学习能力的关系阐述得很清楚。他说："三十年的经验使我深信，学生的智力发展取决于良好的阅读能力"。他指出缺乏阅读的坏处，"为什么有些学生在童年时期聪明伶俐，理解能力强，勤奋好问，而到了少年时期却变得智力下降，对知识的态度冷淡，头脑不灵活了呢？就是因为他们不阅读"。相比之下，"有些学生在家庭作业上下的功夫并不大，但他们的学业成绩却不差。这种现象的原因，并不完全在于这些学生有过人的才能。这常常是因为他们有较好的阅读能力。而好的阅读促进他们智力才能的发展"。

梳理心理学代表人物皮亚杰、布鲁纳、奥贝尔等人的学习理论，可以看到两点关键：一是思维发展与语言系统的发育有密切关系；二是学习新知识依赖已有的智力背景。阅读是一种以语言符号为媒介，包含有丰富的超越现实生活内容的活动，会让读者的语言系统发育得更好，同时可让其智力背景更为丰富，从而使他们的思维能力及学习新知识的能力更强。

凡从小有大量课外阅读的孩子，他的智力状态和学习能力就会更好。智力启蒙最重要的手段就是阅读，有了阅读垫底，孩子的智慧就会生根发芽开花。

二、 阅读修成孩子妙笔生花

教育部以《义务教育语文课程标准》的形式规定中学生必读30本名著，课外阅读总量不少于260万字。古人的"厚积薄发"正说明了广泛阅读对写作的重要性。"读书破万卷，下笔如有神"，写作和做人是一个道理，是个长期修炼的过程。采用一些蝇营狗苟的技巧，利用几天的功夫，绝不可能教会孩子们写作文。没有阅读就不可能有写作。阅读对写作而言是最根本、最重要、最有效的"大技"。杜威、陶行知等伟大的教育家都强调从生活中去学习。每个人的生活是有限的，不可能事事都亲历亲为，阅读实质上就构成了孩子们对生活的参与性，构成他们经历上的丰富性。流芳千古的经典作品，自然影响着他们的价值观和思维方式，当然也就影响着他们的写作。

通过阅读提高写作能力，表面看这是个漫长的过程，实际上它是最经济、最有效、最省心的办法，是真正的“捷径”。孩子的阅读是最好的修炼过程，润物无声地滋养着他们的潜能，总有一天你会惊奇地发现，孩子手中的笔已不知什么时候，开出了芬芳的花朵。

三、 阅读促进孩子的道德养成

《义务教育语文课程标准》鲜明地提出：“语文课程还应该重视提高学生的品德修养和审美情趣，使他们逐步形成良好的个性和健全的人格，促进德、智、体、美的和谐发展。”中学阶段是一个人人格形成的最重要阶段，更要注重他们思想、灵魂上的塑造。而课外阅读正是进行人文教育的有效途径。

古今中外那些流芳千古的经典作品，不论内容是什么，其中一定包含着真善美的东西。这些真善美熏陶着一个人的价值观和思想方式，促成了一个人的道德养成。苏联教育家苏霍姆林斯基说：“我坚定地相信，少年的自我教育是从一本好书开始的。”当代女作家冰心在《忆读书》中也谈到了阅读对人成长的重要性，提倡要“多读书，读好书”。再比如历代伟人或成功人士往往都是饱读诗文开始的。

在此要特别强调古诗文的阅读，读古典诗文能感受到古人“先天下之忧而忧，后天下之乐而乐”的宽阔胸襟；能看到很多文人志士的爱国情怀；也能感受到《论语》中“己所不欲，勿施于人”的君子风格……中国古典诗歌是浓缩的精华，从古至今散发着迷人而高贵的气质，以唐宋诗词为主的古典诗歌，值得一个人从小背到老。它将滋养着一个人的诗情和文才，从而熏陶和影响着一个人的胸怀和志向。

综上所述，不难看出，大量课外阅读影响着一个人的思维和智力，对一个人的写作有决定性的作用，它也能帮助造就一个人良好的道德和品质。

参考文献：

［1］苏霍姆林斯基. 给教师的建议［M］. 杜殿坤，编译. 北京：教育科学出版社，1984.

［2］尹建莉. 好妈妈胜过好老师2：自由的孩子自觉［M］. 南昌：百花洲文艺出版社，2015.

（本文发表于《新课程》，获梅州市论文评比一等奖）

弥足珍贵的“裸读”

记得我第一次参加梅州市现场教学比赛，市教研组选了课外文章贾平凹的《写给母亲》。这是一篇祭文，可以说是让人似无激情无法蹦跶的一篇文章。我的指导老师兴宁市教研员温佛君说：“别急，你先裸读文章，寻找触发点。”从此，裸读深刻地烙在了我的脑海，印在了我的心田。

所谓裸读，就是教师先不参考任何教学资料，直接与文本对话，不让既有的见解和结论影响自己。这种阅读，实际上就是无遮蔽、无污染的阅读。在裸读过程中，文本在教师眼中处于原生状态，教师在文本面前也保持着原始感受。

裸读对教师是弥足珍贵的，裸读让教师充满智慧。

一、 裸读能辨伪求真

任何文学作品都是作者在特定时代特定心境下的产物，而每位读者也都是在特定背景和经历下解读的，所以说一千个读者有一千个哈姆雷特。我们想进行智慧的阅读，获得对教材新颖、独特的理解，发掘出作品新的内涵，就要从裸读文本开始，读出自己的原初感受和理解，在此基础上尽可能参考多种资料能去伪存真、去旧开新，读出自己对教材理解的深度、宽度和广度，从而达到智慧阅读、创新阅读。如我在教《中国人失掉自信了》时，发现文中的辩驳思路让学生难于理解，我就采用旧文新读的方法，抛开一切资料反复裸读课文，终于豁然开朗，摒弃了参考资料中的一些讲解方法，结合生活举了个例子让学生来发表看法，这样对文章思路的理解就水到渠成了。

二、 裸读让备课熠熠生辉

教师在裸读中会体味到学生的难点、疑点，从而更准确地以学生为主体，以文本去渗透。我在《写给母亲》备课的裸读中感到：由于时空影响，学生无法体会那种“树欲静而风不止，子欲养而亲不待”的情感。于是我借助了《朗读者》节目中萨仁高娃的经典朗读片段让学生去感受那种情感，不少学生感动流泪。然后再分析领悟贾平凹的这种愧疚不安的情感，这样学生对课文的主旨就会洞若观火了。

如我在备《敬业与乐业》一课时，先不借助任何资料读了两遍课文，感觉有些字词会让学生难懂，文中有些事例是古文的，学生可能难理解，这就为我备课做好了准备。我在读课文时也感知到这是一篇议论文，有必要把议论文的文体知识复习一遍。然后研读了课后练习，上课的思路就基本清晰了。先复习文体知识，接着扣住每一道课后练习去击破，学生基本能掌握这篇课文的所有知识点了。这都是裸读为备课提供了思路。教师通过裸读，能够快速进入文本，真切感受文本，从而使备课匠心独运。

三、 裸读让课堂激情飞扬

裸读会为课堂赋予生命力，会使你的课堂与众不同。选入中小学课本的文章往往是文质兼美的，裸读，特别是多遍的裸读能使文本和语言扎根脑海，深入心中，教师在课堂中会更亲近文本，会更紧扣教材，不会脱离文本假读、空读。多遍的裸读会使你产生别样的感觉，有了自己真切的感受就会产生独特的见解。课堂上教师会不自觉地带学生进入自己对文本、语言的感悟中，会不断生发出灵感的撞击；而且因裸读而熟透了文本会激起学生对文本更多的探讨和质疑，从而使课堂激情飞扬。

如我在上七年级下册《望岳》时采用裸读，先不看任何资料，只读文本，可参考的是课前导读、课后习题以及单元导语。本课的课后练习要求学生说出尾句“会当凌绝顶，一览众山小”的本义和引申义，我以这一课后练习来设计课堂主线。在赏析这一句时，学生很多感触，我想到了引导学生从小树立抱负的理想教育，便让学生站起来齐喊：心有多大，事业就有多大，我的抱负是……结果学生热情高涨，呼声不断。裸读能深入文本，能够让老师在课堂上机智处理，灵活应变。

四、 裸读让导入魅力无穷

我在平时授课中，很多导入都是通过裸读课后练习去生发和升华的，比如教材中《望岳》的课后练习二是这样的：你有过登山的经历吗？当你登高纵目，与云朵、飞鸟、山峦融为一体时，也许就会心气清朗，油然而生类似《望岳》所写的那种感觉。为此，我设计此课的导入语为：同学们，你们知道我们市最高的山是什么山吗？有谁登过这座山吗？这座山留给你的印象是什么，感受是什么？

这样导入很接地气，全场学生雀跃起来，我顺势说道：“今天我们走进一位熟悉的诗人，他也在美好的年龄登山，看看他登山的感受是怎样的。那就是我们要学习的《望岳》。”这样导入为学生理解整首诗奠定了基础，然后在理解最后一句时就容易了。

裸读对我们有那么多好处，那该怎样培养、提升自己的裸读能力呢！

首先，厚积才能薄发。拥有广博的知识永远是语文教师必备的素养。在平时多看书，适当了解一些美学类的书，多积累，才能有丰富的阅读体验，才能多角度去解读文本，才能在裸读文本时“牵一发而动全身”。其次，良好的习惯决定裸读的成败。平时坚持文本裸读，养成裸读文本的习惯，不要养成依赖现有参考资料的惰性。一遍不行就多遍阅读，把裸读文本放在阅读的首位，并长期坚持养成习惯，才能整体提升裸读能力！

最后，生命体验是提升裸读能力的重要途径。只有重视实践、丰富阅历才能增加直接的生命体验。语文教师有时间一定要深入生活，走向自然，体验人生百态，感悟万物变化，从社会、人生、自然中增强直接的生命体验，将这种直接的生命体验与在阅读中获得的间接生命体验相结合，这样才能真正提高自己的思维深度，拓展思维的广度。

最后我想以鲁迅的一句话结束全文：“希望是本所谓有，无所谓无的，走的人多了也便成了路。”以此作为裸读的共勉吧！

（本文发表在2021年《广东中小学德育》）

以目带纲，长文短教
——《鲁提辖拳打镇关西》教学案例

小说教学，可采用“以目带纲”法达到长文短教，采用情境教学法进行导学和拓展，通过多种方法去培养学生的语文素养。本人曾尝试通过小说《鲁提辖拳打镇关西》的教学，教学生学课文、学做人，效果显著。

一、 对《鲁提辖拳打镇关西》一文的理解

《鲁提辖拳打镇关西》选自《水浒传》第三回《史大郎夜走华阴县，鲁提辖拳打镇关西》，这是鲁提辖的第一次出场，作品通过鲁提辖酒楼遇金氏父女，询问啼哭的缘由，救助父女脱险，并三拳打死镇关西的精彩场面的描绘，生动而鲜活地向读者展现了鲁达的侠义性格和不朽的艺术形象。小说是以塑造人物为中心的，而人物性格又是在情节发展中不断凸显出来的，因此本节课的教学重点在于理清故事情节，分析人物形象。另外在分析人物形象的时候，还要注意品味作者为表现人物而进行的打斗场面描写，体会其中的深刻用意；并且要帮助学生树立正确的“英雄观”，最终达到通过这节课的学习初步掌握阅读小说的方法的目的，并在进行写人记事类文章写作时能注意人物描写。《鲁提辖拳打镇关西》是小说的典范之作：

1. 情节相对完整，起因（开端）、发展、高潮、结局，层次分明，一环紧扣一环，结构巧妙。特别是高潮部分，鲁提辖的“三拳”是文中最为精彩的部分。对“三拳”作者用比喻从视觉、嗅觉、味觉的角度把痛打郑屠的情形刻画得淋漓尽致。

2. 作者用了刻画人物的多种方法来塑造典型人物，如用语言、动作、心理等描写把鲁提辖的这种除暴安良的正义形象刻画得活灵活现。

3. 这是一节打抱不平的故事，水浒中的一百零八个好汉几乎都有打抱不平的故事，因此本文的学习对于理解《水浒传》有一定的作用。

二、 《鲁提辖拳打镇关西》的教法

多媒体教学、“以目带纲”法、情境教学法、课题切入法、倒析法。

理念：本课运用多媒体（课件）辅助教学，采用“以目带纲”法、情境教学法、课题切入法、倒析法完成任务。阅读教学过程，体现新课标“自主、合作、探究”的教学理念，重视培养学生的合作精神、探究精神、创新精神，在交流中提高学生的语言修养，训练听说读写能力，提高学生的鉴赏与审美能力。

三、《鲁提辖拳打镇关西》的教学步骤

（一）以一则告示导入

鲁达，膀大腰圆，满脸络腮胡子，因三拳打死镇关西，畏罪潜逃，知其下落者，报开封府，奖钱三千。

开封府
×年×月×日

待学生议论纷纷之时，问道：“鲁达是谁，官府为何捉拿他？我们可以从课文《鲁提辖拳打镇关西》中找到答案。”（板书课题）

（二）简介《水浒传》，为创设情境，借用歌曲《好汉歌》

1. 让学生自由介绍《水浒传》后，引导学生看课后名著引读（三）关于《水浒传》的介绍。

作品简介：从北宋末年到元代末年是水浒故事产生的时期。由于当时阶级矛盾和民族矛盾的尖锐，贫苦农民流离失所，最后被逼拿起武器进行战斗。《水浒传》就是在这种背景下问世的，它反映了我国历史上农民起义发生、发展直至失败的整个过程，深刻地挖掘了起义的社会根源，揭露了当时统治阶级的罪恶，写出了“官逼民反”的社会现实，塑造了起义英雄群像，它是我国第一部长篇白话章回体小说，是我国古代文学史上四大名著之一。

2. 让学生简单说一两个《水浒传》中的故事（拓展）。

3. 播放电视剧《水浒传》主题曲《好汉歌》（创设情境）。

4. 学生听后品析，教师小结。

“路见不平一声吼”，打抱不平是《水浒传》中最突出的群体性格，梁山好汉几乎每人都有段打抱不平的故事，所选课文《鲁提辖拳打镇关西》也是一例。

5. 师生齐唱：“路见不平一声吼/该出手时就出手。”（创设情境）

（三）突出重点，从“三拳”着手，分析鲁提辖最突出的性格特征

1. **师**：从标题看：本文应着眼一个（ × ）字，请在文中找出相应的段落，有声有色地读读这几段（16—19 段）。为了突出那一动作描写，我让学生朗读第 16 自然段；另请两名学生进行模仿表演。（进行正面引导，树立正确的“英雄观”。）

2. 鲁提辖这三拳分别打在什么地方，打到什么程度，郑屠分别有什么感受？运用了什么修辞手法？

3. 鲁提辖为何要打郑屠？设置这一问题是为了“以目带纲”引发对整篇文章的了解，带起情节的开端、发展、高潮、结局。

4. 鲁提辖与郑屠无冤无仇却三拳打死了他，从这里我们可以看出鲁提辖是个怎样的人？

疾恶如仇（打抱不平）。

5. 除了爱打抱不平、疾恶如仇，你认为鲁达还有哪些性格特点？你是从哪些地方找出来的？（以目带纲）

四、 指导学法，积累提高

1. 作者是通过什么表现手法把一个丰满的鲁达形象展示在我们面前的？（学生回答，师总结板书：语言描写、动作描写、心理描写。）

2. 刻画人物性格特征：除了以上方法外，还可采取什么方法？（肖像描写、神态描写）

3. 简单小结：（1）写作经验积累。刻画人物形象，抓住人物的个性化语言，典型的动作及独特的肖像、心理来描写。（2）学法积累：分析人物形象可以从刻画人物的方法着手。

五、 创设情景，创造提高

1. 上午第二节课，听课老师安静地坐在教室后面，你可能很兴奋、很紧张，用心理描写来刻画你此时的心情。

2. 上课铃响前，听课老师（请用外貌、神态、动作描写刻画你喜爱的一位听课老师）反映以前这样的长文需要四五节课完成，现在通过以目带纲、情境教学顺利完成了教学任务，实现了长文短教。学生很好地掌握了知识，又节省了时间，还激发了学生的学习兴趣，训练了学生的多种能力。

附：板书设计

鲁提辖拳打镇关西

课文情节	刻画方法	人物形象
开端	语言描写	疾恶如仇
发展	动作描写	打抱不平
高潮	神态描写	有勇有谋
结局	心理描写	粗中有细

（本文获梅州市论文评比一等奖，并发表在《文学教育》）

待羽翼丰满，自能飞过高山

2021 年，我有幸参加了中考作文评卷。市教研员温佛君老师要求我写评卷分析反馈，其中一点就是写此次评卷给教师作文教学的启示。

“妈妈，我这样练习，什么时候才能飞过高山、飞过大海……”雏鹰站在悬崖边，无数次地试飞着，累了停下来，眨巴着大眼睛疑惑地问。

“孩子，待你羽翼丰满，自能飞过高山、飞过大海……到你想去的地方去。”悬崖边上的母亲微笑着，慈爱地看着小得可怜而摔得遍体鳞伤的雏鹰，然后带着雏鹰一次一次地反复练习。

当拿起笔写此次评卷给教师教学的启示时，我的思绪就飘到了这悬崖边。我觉得教师就是那母鹰，学生就是那雏鹰，作文对于学生来说就是那悬崖！我们拭目以待，带学生操练吧！

一、 让学生“动”起来

在评卷中，我发现很多学生卷面太乱，错别字多，病句多，词语误用多。这些都是基础不牢带来的问题。语文基础知识包括字、词、语法（词、短句、单句、复句）、修辞、文体、文学。我们在平时的教学中可以从以下方面去抓牢这些：

第一，每天练字起步，打好书写基础，内容可以是抄写课文优美句子或中学生必备古诗词，要求他们准备好硬笔字帖。这一点我喜欢开学初自己打印一本文格本，每天在课堂上画一些优美句子和一首古诗词让他们抄写，然后进行评比展示。

第二，抓好字词学习，新课学习时每一课都要求学生抄写生字词一遍并注音，让学生掌握其意义，注意辨析词的差异，最后进行听写。另外再选 6—10 个生词来组成一段话，或写成课文内容相关的文段，用来加深对这些词的理解运用；阶段复习时要求学生分单元把生字词集中抄写。课内外学习的古诗文，每学完一册，复习的时候就默写或抄写。

第三，抓好批注，让学生赏析优美的词句，对所摘抄的内容做评价，写心得促学生摘抄学习的内化。

只有学生“动”起来，基础才会扎实，写作时才不会出现“基础不牢，地动山摇”的情况。

二、 让学生“富”起来

在评卷中看到很多学生只会空喊理论，无实在的内容。学生想写人，但不知道怎样写；想写景却不知道各个景物的特点；好不容易挖出材料了又不知道怎样来表达……厚积才能薄发，平时我们在教学中可以有意识地对学生进行以下几个方面的积累引导：（1）人物描写类隽语妙喻；（2）景物描写类好词佳句（四季的花，四季的雨等）；（3）每一届的感动中国人物颁奖词及事例；（4）有影响价值的讲话（习近平总书记在中国共产党成立100周年上的讲话、张桂梅老师“七一勋章”颁奖仪式发言等）；（5）《朗读者》节目内容。

《朗读者》节目开播或感动中国年度颁奖时，我会把这些节目内容整理出来，让学生在课堂上进行演讲或朗读。这对学生朗读和写作有很大的促进作用。

我们引导学生赏析文章的人物描写、景物描写以及写作手法等。引导学生品味文中的语句，才能将之内化为学生的写作知识！

另一面，“富”起来的办法是丰富地阅读。语文教学改革的趋势是扩大学生的阅读量。斯蒂芬·克拉生的《阅读的力量》中就提到：广泛阅读的学生不但阅读能力进步，写作能力也进步了……读得越多的人越没有写作恐惧，因为他们驾驭文字的能力比较好。阅读对于写作相当有力。

所以在课堂上，教师要引导学生多阅读课外书，让阅读促成学生的妙笔生花。

三、 让学生“改”起来

很多语文教师会说：“今生别再教语文。”语文老师改作业量大啊，特别是作文的批改就是一件苦差事，而且作文批改是“吃力不讨好的事”，学生见效不太明显。这几年，我采用了学生互评和自改的方法，然后再进行“面批”，感觉效果不错。学生思维训练了，写作思路灵活了。有些人会质疑，学生能评改吗？资质不好的也能学会吗？答案是肯定的。

1. 互评和自改

开学初，我自行设置一本中考格式的作文本子，里面有学生互评、自改作文评分等细节，然后每篇作文下面有评卷人、评分表格。

怎么评改呢？

每接到新一届学生，我先让他们认真学习学生互评、自改作文评分细节，然后给他们评分表格示范。我按照中考评分要求学生评改时试从立意、选材、结构、语言四方面分别评出等级，给出相应的分数，按减分法得出格式、错字、标点、卷面的分数，各项相加可得出作文的最后分数。然后在课堂上让学生先互评后自评或先自改后再互评。

2. “面批”

学生互评自改，并不意味着教师就解放了，不用再改作业了。第一环节，学生互评和自改，一定要当堂完成，当堂收取。第二环节是教师课后逐一检查学生评改情况，再有目的地找些学生进行当面的批改指导和课堂展示指导。

课堂上统一指导对学生作文可能见效甚微，当面批改指导效果明显。

3. 好处

学生明白作文的评分要求、扣分原则，写时就会注意到这些方面，会从这些方面去思考组织全文；学生在评改中能看到不同同学的文章，从而取长补短；老师能发现学生的掌握情况和存在问题。最主要是让学生有兴趣，作文写好了，语文成绩提高了。这可以从我授课班级的成绩不断进步看出来。

四、 让学生“活”起来

从评卷情况看，部分学生审题失误，有些学生不会组织材料，也有些学生套用习作、套用素材时牵强附会……这些启示我们，在平时教学中要注重对学生的思维训练，比如审题的思维训练、写作步骤的思维训练、各种文体的思维训练、写作技巧的训练。

教师也要“活”起来，要实实在在上好每一节作文课。写作课教师不能讲太多，也不能上成阅读课了，要想办法设计一些有实效的写作训练。在老师的引导下，以学生学会写为目的。可设计长话短说、短话长说、片段练习等，创造一些灵动有趣、不拘一格的作文训练，如写随笔，写情境对话、生活小品等。

五、 让老师“写”起来

在要求学生写时，我们老师也该多动笔写，写写作文的论文、课题，这有利于业务提升，更好地指导学生。写作文指导详案，让我们的作文指导课更到位。很多时候我们讲再多，也许都不如一篇范文让学生“明明白白我的心”；很多时候我们只有自己去水里扑腾才知在课堂上怎样清晰地展现给学生；很多时候我们也许下水扑腾才知水的深浅，才知哪里有“暗礁”哪里有“险滩”，才能在课堂上给学生精准的指导。我们老师要大胆去写下水文，大胆地去尝试，不管写得如何。

相信我们就是开头那慈爱的母鹰，我们的学生就是那雏鹰，经过努力，我们的学生羽翼丰满时，自能任意翱翔。

参考文献：

斯蒂芬·克拉生. 阅读的力量［M］. 李玉梅，译. 乌鲁木齐：新疆青少年出版社，2020.

（本文发表在2021年12月24日3818期《广东教学报》和“语文湿地”公众号）

愿我们都是“神笔马良”
——对作文评语的几点见解

2021 年，我有幸参加了中考作文评卷。兴宁市教研员温佛君老师要求我写评卷分析反馈，其中包含选两篇优秀作文写评语。下面是我对作文评语的一些见解和主张。

“我简直太失败了，我一无是处，不如了结自己！……再给自己一次机会吧！我如果能找到一句对我赞美的话，我就好好地活下来！”少年歇斯底里着、寻找着、泄气着。“找到了！”“找到了！”“从你的作文看，没审好题，但你已努力了，加油。”少年找到了半句好话，他重拾原本属于他的自信、上进，幸运地活了下来！

这是好几年前听到的一则关于作文评语的惊心动魄的传闻。真假与否，我无从考证，但足可以说明语文教师作文评语的重要性，我们一不留神也许会毁了一个孩子，我们稍微留情却能挽救一个孩子。身为语文教师的我们，请笔下多留“情”吧！

一、留“情”

我们在批改学生作文中，要饱含深情、真挚地和学生商量交流，比如写得好的用语“你看，你这句（段）多么精彩啊”“你看你这标题多么美”；发现不足，可说“我觉得这个词换另一词更准确，你认为呢”，或者说“美中不足的是……”。对于一些文理不通的文章，我们也要挖地三尺，挖出一些亮点来赞美！如：

你的作文让我看到了你的诚实和认真，也让我看到了你真实的一面。是你自己写的老师就爱看，哪怕是不太通顺，哪怕是错字多了点。老师愿意帮你。若你能多看书，试着多写，试着修改自己和他人的文章，多下苦功，一定会不断进步！

这段评语很真诚，勾勒出了这名学生的诚实品德，也指出了他写作中的不足，最后提出了希望。后来这名学生常写些作文缠着我修改，作文也不断进步，这应该是我的评语刺激到了他吧！

二、留“美”

我们在给学生写作文评语时，力求语言优雅，字字珠玑。让学生能得到启迪和点拨，又能让学生从心底里赞赏、敬佩老师。下面来看一例。

2021 年广东中考作文《彼方尚有荣光在》简评：

此文的美点不少。

看，标题多美。主标题赋予深意。三个小标题“旭日东升”“落日余晖”“繁星满天”，四字短语形成气势昂扬的排比；三个小标题，寓意深刻，三个画面塑造少年的成长形象，也清晰地交代了文章的层次。

看，题记多美。“少年不惧岁月长，彼方尚有荣光在”，以题记为冠，点题扣题，助力揭示主旨。

看，文面多美。三个段落，字迹工整，用差不多的字数，组成篇幅大致相等的板块，给人一种匀称之感，神清气爽之感。

看，情感多美。小标题下三部分：第一部分，抒情议论，铿锵有力；第二、三部分，先描写后抒情，每部分都暗含点题、扣题，体现一种磅礴气势！

更重要的是角度多美。在大家都平铺直叙地去写少年应有的模样，作者却能从自身出发，结合强国少年写出满满正能量而又气势非凡的文章，这样有新意的文章，怎能不迅速抓住阅卷老师眼球而判高分甚至满分呢！

这篇作文美中不足的是，题记下面，小标题之前应有引言！

这是我在参加中考改卷后凭印象给优秀作文写的评语。这个评语主要是赞美肯定，我想学生看到这诗一般的赞美，怎能不看到远方呢？

三、 留“心”

每个学生的作文都有可圈可点之处。我们写评语时应用心寻找，把握遣词造句的分寸。

肯定好时，褒别过了头；发现不足时，贬别伤及学生自尊。最后让学生作文能扬长避短，不断提升。见例。

2021年广东中考作文《觉醒》简评：

文中表现出如下写作技巧。

1. 开篇点题　首尾呼应

开头用了这样的一段话：有人说青春是人生中的一次旅行，但我更倾向于把它比作人生中的一次修炼，年少的我依然记得那句让我觉醒的话：“别怕，孩子跟我回家……”

结尾写道：青春本就是人生中的一次旅行，青春也充满陪伴与关怀，只要你愿意醒过来就能看到，这才是少年应有的模样。

2. 先抑后扬　对比突出

作者开篇写自己乖孩子变了样，以致没考好离家出走，从不理解母亲到理解母亲，最后觉醒的过程。在先抑后扬、对比突出中彰显小作者对考题的把握，理解了题目中的

“才是”“应有”，有力地扣住了文题。

3. 巧妙描写　掀起波澜

作者将事件放在“雨境”中进行，“雨”是人物活动的场景，雨前雨中的环境描写烘托出作者的心情和觉醒成长，通过对自己的心理描写、母亲的外貌描写等掀起波澜，推进情节发展。

4. 语言朴素　饱含深情

本文没有过多的华丽语言，却让人感觉一切在情理之中而又在动情之处，让我泪眼婆娑。

如果还想使这篇文章更美，还可以在裁剪技巧上、语言表达上下点功夫。

这是我在参加中考改卷后凭印象给优秀作文写的第二篇评语。这段评语主要表扬了学生的写作技巧，但也暗示了作者在组材上和语言表达上不够好。

四、留白

对学生作文有提升有帮助的，我们必须评。不要为力避批判学生而不敢对学生缺点进行点评，但也不要批得太多，要慢慢来，这就是留白。作文提升不是一朝一夕的事，是一场马拉松式的赛跑。我们可采用“小步轻迈”的方式，每次提点不同的方面。有个调查显示，修改越多的作文，学生越不愿保留。因为被老师挖伤疤太多吧！见下面两个例子。

例 1：我喜欢听你说

你是怎样想的？你觉得你写得怎样？文中的一些词语写得不错，你找出来读给我听听！

例 2：好文笔你来评

文中有一些妙笔，你找出来，上课时讲给同学听听。

文中用了一些写作技巧，比如对比技巧，比如传神的人物描写。互评时雯雯说不会找，你能帮她找出来，再说说好处吗？

希望我们每个语文教师在评改作文时都能留“情”。希望我们每个语文教师都是“神笔马良”，能走进学生心里，画出学生的靓丽一笔。

（本文刊登在“语文湿地”公众号）

作文技法示例

在平时的作文教学中，我们要适当适量地传授一些作文技巧，使学生在作文内容和形式上都有质的飞跃。懂得了作文写作技巧，也就懂得了写作本身。

一、 巧拟题目的方法

古人云："文题如眼睛，题好一半文。"学生在写作中常产生难拟题目、难出新意、难扣全文，甚至出现病题、漏题的问题。针对此种情况，给学生传授一些巧设题目的技巧是必要的。如以"诚信"为例，有如下几种技法可运用：

1. 引用法。即行文时，可引用所写文章中的一句话或一词语来命名，或引用名言名语或歌名，如《明明白白我的心》。

2. 修辞法。即拟题时运用比喻、拟人等修辞，如《守住你的金矿》《"诚信"漂流记》。

3. 公式法。即用公式的形式命题，如高考作文《7－6＝0》《1 > 6》。

4. 反常法。用逆向思维或反常规的思维去拟题，如《这样的诚信不足取》《诚信！诚信?》。

5. 添补法。在半命题作文或话题的前后添加词语来拟题，如《我们需要诚信》《带着诚信上路》。

二、 开头与结尾的技巧

好的开头是成功的一半。开头新颖生动能给人出语不凡、耳目一新的感觉，能吸引读者，激发读者的阅读兴趣。常见的开头技巧有：

1. 开门见山，点明主旨，如《背影》《谈骨气》的开头。

2. 修辞扮靓式——拟人、排比、对比、比喻、设问、反问、反复等，如《济南的冬天》的开头。

3. 巧设悬念，欲擒故纵，也就是我们通常所说的卖关子，如《谁是最可爱的人》《驿路梨花》的开头。

4. 描写景物，渲染气氛，如《故乡》的开头。

5. 引用式——名言警句、格言名句、谚语、诗词等。

6. 题记式——在文章题目下面，正文之前，用名言警句、诗文或高度凝练的语言点化文章主题，并在其后注明“——题记”。

结尾新奇巧妙，让读者感到余味无穷。常用的结尾技巧有：（1）照应开头，统揽全文。如《背影》的结尾。（2）制造悬念，引人思考。如《猫》的结尾。（3）提出号召，催人振奋。如《纪念白求恩》的结尾。（4）引用诗文，结而不尽。如《驿路梨花》的结尾。

三、 构思技法

文体构思做到新颖、精巧、有所创新不容易，这要在平时下功夫。构思方面主要有如下技巧：

1．以小见大法。这里的“大”是指话题、主题，“小”是指写作的材料、题材。这就要求善于“大”中取“小”，以“小”见“大”，不求面面俱到，只求“一针见血”。如《妈妈喜欢吃鱼头》，通过“吃鱼头”一件小事，把伟大的母爱这个大主题很真实地表达出来了。

2．借人说理法。“他山之石，可以攻玉”，借人说理法是指借用人类文艺史上各类文艺样式中塑造刻画得很成功的知名度很高的人物形象，或直接借用历史上某一著名人物来演绎某个故事，表达某种思想感情。正所谓“古为今用，洋为中用”，借力打力，如鲁迅的《故事新编》。

3．托物言志法。这种构思，让“物”代替“人”来说话、引事、表情、达意，构思全文，落笔在物，其意在人，寄意深远。如《白杨礼赞》一文，借白杨写人民战士。

4．概括法。即用所写文章的大意来给文章命题。

另外，还有文体创新法、巧加标题法、正衬反衬法、镜头剪辑法等等，在此不一一赘述。

当然，积累是学生写好作文的第一技巧，因此，在平时一定要严格要求学生多积累好词佳句、名言警句，然后进行翻新，才能使作文语言出新，做到典雅、清新、生动、质朴、含蓄。

（本文发表在《文学教育》）

第七编

怎样开展中小学教育科研

东方有话说

开展中小学教育科研课题研究意义重大，应注意以下几点：

1. 摆脱偏见和误区——神圣、功利、盲目和无用。认为课题是神圣难成的，被功利性蛊惑而盲目研究，认为课题研究是无用的。

2. 选题要聚焦自己擅长且有积累的，形成系统性。

3. 开展小课题研究。小课题研究获得的成果可以直接运用到教育教学之中，这种研究最能直接提升教育教学质量。

开展小课题研究，关键是选题与设计。

小课题的选题应该有价值（实用）、有新意、易操作（可行性）。

小课题研究方案的设计内容主要有八个方面：课题的表述、课题的含义、研究的目的和意义、研究的内容、研究的方法、研究的步骤、研究的预期成果形式、课题成员及其分工。

下面是我的省级课题和市级课题的申报报告，希望能给你参考。

以示范基地为引领，构建基地与学校融合的劳动教育策略研究

一、基本情况

成员情况：略

组织和分工：管东方——课题负责人，全面主持课题立项申报、方案实施；与各实验学校联系，协调各项研究活动的组织，调整研究计划；负责撰写课题研究主报告，指导整理有关学校基地的课程教学材料，联系邀请专家进行研究指导和成果鉴定。

其他组员的分工：

温××——实施指导、协调

刘××——收集基地建设类型的研究

李××——负责课程资源开发策略的研究，资料收集整理

曾××——负责课程教学活动策略的研究

黄××——资料收集整理，简报、结题报告

林××——资料收集整理，简报、结题报告

彭××——实施指导、协调

张××——资料收集整理

陈××——基地建设管理机制的研究，汇编成果材料等

二、课题设计论证

（一）课题研究的背景及意义

1. 课题研究的背景

教育部、共青团中央、全国少工委于2015年制定《关于加强中小学劳动教育的意见》之后，已有相当一部分学校或教育部门开始重视中小学劳动教育问题，而且有的学校充分发挥自身优势，在劳动教育形式和内容方面力图进行创新。但是，中小学劳动教育现状仍然不能令人满意，很多地方亟待改进。全国各地虽然建设了不少校外教育基地，但往往不能和学校很好融合，共同对学生进行劳动教育。

不同国家对劳动教育的理念有着不同的理解和侧重，也都有不同的亮点与特色。日本将劳动教育融入校园和家庭，并有具体的课程和体系；德国十分强调和重视基础教育中的劳动技术教育，精心设计课程，并贯穿在基础教育的全过程；芬兰劳动教育在课程设置和评价标准方面有着较为成熟的体系，包括手工课、家政课、编程课程及综合课程等，这些都值得国内的劳动课程体系去借鉴。

从我市中小学劳动教育的现状来看，在新课程改革的推动下，许多学校正在努力开发课程教育资源，加强课程实施管理，注重教育活动的研究。一些学校已形成了教育特色，2018 年我校华侨中学成为广东省青少年法制教育禁毒教育基地；2019 年，我市齐昌中学的科技教育活动取得了显著成效，龙田小学成为劳动技术教育示范学校。然而，目前还有许多学校没有劳技课专业教室，有些学校即使设立了劳技课教室，设备也不够学生使用，更缺乏校内外的实践基地。教师缺少相应的教学参考资料，学生缺少必备的配套材料。本来十分重要的实践知识、直接经验被放到了可有可无的地位，使一些鲜活的具有地方特色的本土资源无法进入课程内容。部分农村中小学生的劳技教育甚至成了一个被遗忘的角落。

如何针对我市实际，加强劳动实践活动基地和学校融合的劳动教育，建立一种新的运行机制，使劳技教育适应课程改革的需要、适应学生发展的需要、适应社会发展的需要，是当前实施新课程标准的一项重要研究课题。

我市首家中小学生综合实践活动基地——伟鸿教育基地，已在 2019 年 11 月正式开学。基地规划建设了传统农耕体验区、果树种植体验区、传统手艺体验区，还有豆浆坊、面点坊和酿酒坊。基地采用了经教育部审核通过的综合实践活动课程标准和教材，并按照一个年级一个课程主题，一个主题一套课程方案，设置了“社会生活实践、农林劳动实践、工艺技术实践、科技创新实践”四大课程模块。开设“客家传统文化”，如“酿豆腐”“酿米酒”“篆刻版画”“唱客家山歌”等课程，彰显地方特色，成为基地和学校融合的劳动教育的典范。

我市各乡镇有着丰富的农业资源，除了农田、果园、大棚蔬菜生产基地，还有养殖业、手工业等特色产业以及现代农业、工业园区。罗岗镇有葡萄、百香果特色产业，有蚕桑基地；龙田镇有火龙果基地；合水有陈小鸽养殖农场；还有闻名广东的“梅一客”农业生产基地和新圩工艺品工业园。

这些都是农村学校特有的教育资源，是学生进行农业科技体验教育的有利因素。学生可以借此接触传统的农业，也可以感受到现代农业的发展变化，为此，提出“以示范基地为引领，构建基地与学校融合的劳动教育策略研究”课题。

2. 课题研究的意义

课题核心概念界定：本课题的“融合”是指结合在一起；“劳动教育”是指在文化知识学习之外有目的、有计划地组织学生参加日常生活劳动、生产劳动和服务性劳动，让学生切实经历动手实践，出力流汗，接受锻炼，磨炼意志，培养勤俭、奋斗、创新、奉献的劳动精神。本课题研究以新课程理念为指导，以国家制定的《关于全面加强新时代大中小学劳动教育的意见》为理论依据，以伟鸿教育基地做示范，结合本市各中小学的实际，着重构建基地与学校融合的劳动教育实施策略，对落实新课程实验方案、推进区域性劳动教育活动基地建设具有重要的现实意义。

（二）课题研究的基本思路、内容和方法

1. 基本思路

带领成员参加伟鸿教育基地，熟悉基地劳动教育项目和课程体系。借鉴伟鸿教育基地成功经验，参照其劳动教育项目安排和课程设置，并吸取国外劳动教育的特色理念。结合本市中小学校的实际，开辟校内基地，选定校外基地。着重研究基地和学校融合的劳动教育的主要途径和策略。

2. 研究的内容和方法

（1）和学校融合的劳动教育基地选定原则的研究

基地的选定首先要依据综合实践活动课程的培养目标和教学内容，必须建立在满足学生多方面发展需要的基础上，参照伟鸿教育基地的做法，充分考虑地域和社区发展与学生发展的现实，整合本地学校的经济与环境、社会与发展的要素，整合校园特色文化建设、学生实践活动的要素，构建学校的劳动教育课程资源体系，形成具有指导意义的实践性、多样性、整合性、特色性的基地选定原则。

（2）和学校融合的劳动教育基地建设的研究

劳动实践基地是劳动教育中培养学生劳动观念和开展课外劳动实践活动的重要阵地，要体现校内外相结合的方法。一方面，学校将探索如何创建小农场、小花圃、小果园、小饲养场、小制作室等校内型劳技实践基地，建立学校小基地；另一方面，探索校外型劳动教育基地的建设，为学生提供劳动教育实践的机会和条件，如探索现代农业、工业园区的教育实践基地建设，为劳动教育提供丰富的实践活动空间。

（3）和学校融合的劳动教育基地活动策略的研究

通过多种渠道的夏令营、冬令营、公益劳动、勤工俭学、下乡下厂劳动、家务劳动、参观当地经济建设成就、调查科技兴农的情况等实施劳动教育，实现基地和学校的融合，把劳动教育思路落在实处。

（4）与相邻学科整合策略的研究

课程整合强调的是课程的横向联系，其目的是让特定的课程内容与其他课程内容相联系，使学生能够把所学的知识串联起来，以提高综合知识，获得综合经验。与语文、科学、美术、体育等学科相互渗透，充分发挥劳动教育“树德、增智、强体、育美”综合育人价值；从不同侧面提高教学活动的有效性。聘请有经验的农户、专家等举行农技知识讲座和进行实践活动指导。

（5）劳动教育活动校内基地建设管理机制的研究

研究劳动教育活动校内基地建设的经费来源问题，如何将部分经费用于基地建设和开展教育活动，并提高学校领导、师生的认识，统一思想。

研究劳动教育活动校内基地建设的管理方式，从制度建设、人员调配、教学管理、考核评价等方面形成初步方案。

3．课题研究的方法

（1）文献研究法

在进行本课题研究之初和研究过程中，课题组除了对相关理论进行较全面的学习和研究，还对劳动教育策略相关文章资料进行搜集和整理。课题组梳理出了一些对本课题研究有价值且可以参考的资料，这为本课题研究工作的顺利开展做好了理论储备和前期准备工作。

（2）行动研究法

行动研究则是把两种活动有机地结合起来，一边探索一边行动，一边行动一边探索。行动研究以提高行动质量、改进实际工作、解决实践问题为首要目标。

（3）问卷调查法

在课题研究前期和中期对有关实验学校进行现状调查和实践分析。召开学校领导、教师、学生、家长等专题座谈会，并通过问卷、实地考察等形式了解对教育活动和基地建设的需求程度、有利条件和可用资源的情况，分析学校实施课程教学和基地设施建设的可行性等问题。

（4）经验总结法

本课题研究对象差异性大，特色性强。在充分体现学校特色的前提下，采用专题研讨交流、教育成果展示等活动，开展阶段性先进经验的总结和推广。

（三）课题研究的预期价值

课题理论的创新价值：

彰显伟鸿教育基地的示范引领性，充分利用现有的教育资源，探索对学生进行劳动教育的途径和方法。

课题研究的实际应用价值：

1. 推动课题实验学校进一步提高劳动技术教育基地建设的积极性，初步形成具有特色、因地制宜、能基本满足教育活动要求的实践基地：

（1）兴宁华侨中学——校内草/树的种植、垃圾分类、科技小制作实践基地；

（2）新圩小学——校内工艺设计制作专用教室；校外工艺制品工业园区实践基地；

（3）永和中学——校内鲜花种植实践基地；校外“梅一客”实践基地；

（4）罗浮小学——校外葡萄、百香果生产实践基地；桑蚕养殖基地；

（5）胜青中学——校外龙田火龙果种植基地；校外合水陈小鸽养殖基地。

2. 教学活动形式体现了新课程的理念，适应了学生多样化和个性化的学习需求。劳技课采用多种形式的实践体验、互动学习方式，能在实践基地进行现场教学。动手实践、调查研究、参观讲座等成为主要的教学活动方式。

3. 学生的综合素质得到进一步发展。通过加强劳动技术教育基地建设，推动综合实践活动课程及相关课程的有效实施，进一步提高新课程教学的整体水平和效果。

4. 汇编优秀劳动技术教育活动基地建设经验、教学研究论文、教学设计材料及优秀教学活动案例集。在市教育局基教科、教研室的组织下，成功的教育活动先进经验通过现场教研专题会议得到有效推广。

三、 完成项目的可行性

本课题负责人和主要成员曾完成的重要研究课题、已发表的相关成果和相关成果的评价情况（引用、转载、获奖及被采纳情况）；已收集的相关资料；完成本课题研究的时间保证、资料、经费、设备等科研条件。

本课题负责人管东方老师主持的兴宁市级课题“在课堂导入中传递‘正能量’策略研究”已于2015年顺利结题，参与的国家级子课题“课堂文学教学与课外文学阅读指导研究”已于2010年结题，课题成果获二等奖。课题组成员温××老师主持、参与的省级课题“以学生发展为本的课程教材教学整体研究”“农村中学生阅读能力培养教学策略研究”“农村初中新课程写作教学策略研究”和梅州市级课题“初中生记叙文写作指导的策略研究”均已结题，部分课题成果在兴宁市相关学校进行了推广并获得好评。本课题负责人管东方老师撰写的关于家校结合的劳动教育案例《依旧不变的教育初心》在中小学“班主任开展协同育人”活动中被评为广东省典型案例。

课题组已收集了开展课题研究的有关校外教育基地的资料，对在劳动教育方面如何促进基地与学校的融合做了前期的调研和论证。

四、 研究工作进度和预期研究成果

研究工作进度和预期成果：

1. 准备阶段（2020 年 6 月—2020 年 7 月）——“以示范基地为引领，构建基地与学校融合的劳动教育策略研究”课题申报书。

2. 理论学习和研究阶段（2020 年 8 月—2020 年 9 月）——“以示范基地为引领，构建基地与学校融合的劳动教育策略研究”专题报告。

3. 实施策略研究和实践阶段（2020 年 10 月—2022 年 3 月）——“以示范基地为引领，构建基地与学校融合的劳动教育策略研究”开题报告、中期报告、论文。

4. 总结阶段（2022 年 4 月—2022 年 6 月）——“以示范基地为引领，构建基地与学校融合的劳动教育策略研究”结题报告、论文最终成果。

（2020 年广东省教育研究院立项课题，尚未结项）

在课堂导入中传递“正能量”策略研究

一、 研究背景及意义

打开网页，新闻头条是“2012 年十大流行语”，“正能量”居榜首。想想这几年来，这个词确实耳熟能详，从国家领导人到央视主持人，再到民间，使用“正能量”的频率很高。语言学家指出，正能量本是物理学名词。而正能量的流行，源于英国心理学家理查德·怀斯曼的专著《正能量》。其书将人体比作一个能量场，人可以通过激发内在潜力，表现出一个新的自我，从而更加自信、更加充满活力。

快乐是一种精神上的快感和享受，追求快乐是学生的天性之一。拥有快乐的学生，必然会拥有一个绚丽而热烈的内心世界，这个世界每时每刻都会产生巨大无穷的精神力量，而这正是正能量。能够产生快乐的，并不是能看见与所能享受的事物，而是一种心境的状态。我们希望语文学习中的学生拥有这种心境状态，并使之得以无限的延长，从而让语文学习由苦事变为乐事，由外部催逼的学习变为富有内驱力的学习，由低效学习变为高效学习。

在多年的语文教育生涯中，我一直在追求让语文课充满快乐，让语文课堂充满正能量，而“好的开头是成功的一半”，所以我们在探讨如何在语文课堂的导入中传递正能量。

二、 本课题研究的基本内容，重点、难点，研究的基本思路和方法

1．主要研究内容

（1）了解负能量，传递正能量。

（2）有效导入传递正能量。

（3）正能量导入的构建模式。

2．重点：在快乐语文的氛围中，利用各种有效方法传递正能量，使学生积极上进，乐学善学。

3．难点：师生认清、排解负能量。

4．研究的基本思路

（1）成立课题小组。挑选具有较强教学、教研能力的骨干教师组成课题小组。

（2）开展调查研究。了解学生的负面情绪和语文课堂学习情况。

（3）确定研究方法。结合有关理论资料，认真分析收集到的信息，确定研究方法。

（4）进行研究探索。围绕研究目标，依据实施方案，在教育教学中开展研究。

（5）总结研究经验。运用科学的方法，对研究进行分析概括。

（6）推广研究成果。汇报研究情况，推广语文学习方式。

5．研究方法

（1）行动研究法。有助于发现问题，采取有效的方法，保证研究工作具有现实意义。

（2）观察法。观察学生在语文学习、生活中的负面情绪，了解他们的学习现状。

（3）调查法。了解学生对目前中学语文课堂的感受和内心理想课堂的勾画。

（4）比较法。设立试验班和对照班，比较学生自信心、积极程度。

（5）实验法。在小范围内采用实验法，以验证一些措施的效果。

（6）文献法。通过查阅相关文献，借鉴一些成功的、先进的课堂经验，更好地改进语文教学。

三、 课题研究的理论创新之处和实际应用价值

《快乐语文》是北京慧尔普思科技发展公司策划出版的系列丛书，以“语文学习快乐化”为理念。该书的出版发行受到了不少教师、学生、家长的欢迎，掀起了一股“快乐语文”的旋风。而将“快乐语文”作为课题来研究的也有不少地区和学校，如潍坊寿光世纪学校承担的山东省重点课题“阅读中外经典，享受读书乐趣”提出了“自主课堂，快乐语文”的理念；奉贤区庄行学校语文教研组承担的研究专题“快乐语文，让教学更精彩”也获得了成功。由于语文自身的人文性特点，国内不少专家学者把目光瞄向“快乐语文教学”研究。

而从语文课堂导入着手，传递正能量也是为构建快乐课堂奠定基础。现在是个宣扬正能量的社会，在语文课上传递正能量确实有必要。

江苏的张菊荣老师发表在《教师博览》（原创版）2012 第 12 期的文章《教育必须培植“正能量”》中提出，教育需要培植正能量，语文教育当然也要培植正能量。而培植学生的正能量，首先需要老师具有正能量，并且在课堂及生活中积极向学生传递正能量，

这样的教育才是真教育，这样的老师才是真老师。

每个人都是一个小宇宙，所扩散出的磁场和能量都能影响到周围的人和环境，情绪就是最直接的能量。很多人情绪多变，既以物喜又以己悲，不受自己控制。少数人可以自如地控制自己的情绪，不过要有足够的体能和心理素质才可以做到。

态度乐观、积极向上的人，充满热心、希望与信念。这样的人就像是一个正能量磁场或一种气流，可以补充或改造四周较弱的负能量磁场。在语文课堂导入中正是要传递这样的正能量，使学生爱学语文、爱生活。

四、 完成课题研究的可行性分析

（一）已取得的相关研究成果

成果名称	作者	成果形式	发表、出版或评奖单位	时间
《语文课堂的减压增效》	管东方	论文	《水口潮》	2009 年
《课堂导入方法探讨》	管东方	论文	《广东教育报》第 2202 期	2014 年
快乐语文探讨	刘 ×	讲座		2011 年
语文课堂减压观摩课	陈 × ×	课例		2012 年
《我们的课堂需要正能量》	钟 × ×	论文	《学习报》	2013 年
让课堂导入成为一种享受	苏 × ×	课件		2013 年

（二）主要参考资料

1. 北京慧尔普思科技发展公司策划出版的《快乐语文》系列丛书。

2. 江苏的张菊荣老师发表在《教师博览》（原创版）2012 第 12 期的文章《教育必须培植“正能量”》。

3. 英国心理学家理查德·怀斯曼的专著《正能量》。

（三）主要参加者的学术背景、研究经验和课题组成员的分工

课题负责人具有很强的研究能力，具有很强的组织能力和沟通协调能力。课题组成员都拥有中学语文教学、教学研究和科研管理的经验，大多参与过课题研究，都有丰富的科研经验。课题所研究的内容都是课题组成员本岗位的工作内容，因此在课题研究的时限内，精力投入，把教学方面的点滴心得体会记录下来进行反思、研究、总结，形成论文投诸报刊。课题组认真研究先进的教育理念，不断研究创新教学方法，提高教育教学研究水平；组织能力较强，研究成果丰富，并且对该课题的相关内容进行了大量的前

期研究。

组长：管东方。负责课题研究的全盘工作，主要负责人员、时间的安排，研究方案制定，研究资料的收集，结题等，以及对研究经费进行协调。

成员：刘××、陈××、钟××、苏××四位老师负责课题研究具体内容的确定，研究方案的实施，各种研究资料的收集、整理、小结和归档等工作。

（四）完成课题的保障条件

1. 研究的资料保证。我校在教学硬件上投入大量的经费。依托学校图书馆的资料及电脑室、多媒体等设备，为课题研究创造了良好条件和提供了有力保障。

2. 研究的编制保证。学校成立了课题领导小组，专门保证课题研究的各项制度。

3. 研究的经费保证。学校对课题的研究大力支持，按要求购足购齐相关学习书籍以保证课题的顺利开展。

（2015年兴宁市课题，已结题）

初中生名著阅读指导策略的有效探究

一、 本课题的选题意义以及研究价值、核心概念界定

（一）本课题的选题意义以及研究价值

本课题是基于核心素养培养，提升中学语文阅读能力的研究，此研究包括核心素养的分析与总结、语文学科素养的提炼与归纳。在此情况下，对中学阶段学生的语文阅读能力进行提升与培养，从而提高学生的学习效率，使学生掌握解答语文阅读问题的方法与策略。由此，不但学生阅读能力能够有所提高，学生核心素养也可得以提升。

理论价值：基于核心素养培育，提升中学语文阅读能力的研究，可以为今后的语文阅读研究提供更多的研究方向，为以后的相关研究奠定理论研究的基础。将核心素养与语文阅读相结合的研究能够使更多的教师关注核心素养与语文阅读的结合，从而使语文教师以此为指导进行教学。学生能够充分了解语文学习中的重要内容与重要方法，从而提高学习效率。

实践价值：本课题研究中涉及对中学语文阅读教学方法的解读，能够使教师更多地了解能够提升学生阅读能力的教学方式，从而将其应用于语文教学之中。运用此教学方法进行教学，能够促进学生语文阅读成绩的提升，促进学生语文学科素养的提升。研究中对教师和学生课上的互动方式的案例分析，能够为今后的语文阅读教学提供更多的教学实践方案。

（二）本课题的核心概念界定

核心素养在许多国家的教育中被广泛关注，不同国家的核心素养也有所不同。在我国，核心素养是学生适应终身发展和社会发展的必备品格和关键能力，以使学生成为“全面发展的人”为主要目标，主要体现在文化基础、自主发展与社会参与三个方面。文化基础又包含人文底蕴和科学精神；自主发展包含学会学习和健康生活；社会参与包含责任担当和实践创新。这些核心素养的内容还有更为细致的表现形式，使学生能够在学习中积累经验和知识，逐渐培养起学生的学习能力和探索能力。

中学语文核心素养考虑语文学科的人文性和工具性，认为在语文教学中应注重对学生素质的培养。由于语文学科是语言文字、语言文章、语言文学、语言文化等方面的递进，因此语文核心素养包含语言的构建、文化的理解、思维的发展、审美的鉴赏等四个方面。其中语言的构建是指学生在日常生活中能够合理运用口头语言，在学习中能够适当运用书面语言；文化的理解是指学生要具备理解本土文化、国际文化、生活文化、自然文化的能力；思维的发展是指学生在语文学科的学习中要学会迁移思维和反思思维；审美的鉴赏是指学生要具备对文字的审美能力，能够感受到文字的魅力，并具备创造美的语言能力。

二、 本课题的研究目标、研究内容

（一）本课题的研究目标

本课题是基于核心素养培育，提升中学语文阅读能力的研究，因此课题研究的首要目标即是能够研究出提升学生语文阅读能力的方法，且此类教学方法还要以学生的核心素养为基础，通过不断进行语文教学，逐渐得出可行性的教学方案。其具体研究目标如下：

1. 仔细分析核心素养的构成部分，找到核心素养中能够与语文学科相联系的内容，并拟定出核心素养与中学语文阅读相结合的方式；

2. 仔细查找与本课题内容相关的资料，了解前人研究的方向，从中找到可以借鉴的教学理论和教学方法；

3. 对中学语文阅读中的内容进行仔细查找与分析，选择出能够用于此课题实践的阅读内容；

4. 根据查找的相关资料与对中学语文阅读内容的分析，制定出可以用于教学实践的教学方案与教学计划，为全体成员分配各自的教学任务；

5. 根据中学语文阅读内容，为学生设计出在阅读中培养核心素养的教学方法；

6. 根据学生的课堂反馈和学习反馈，分析出有效培养学生核心素养的教学方法，并将核心素养与提升学生阅读能力的要点相结合，整理出优秀的教学案例；

7. 在课题研究中找到培养中学语文教师教学能力的方法，并改变语文教师的教学观念与教学方式，丰富语文教师的授课经验；

8. 在课题研究中，使中学生语言的构建、文化的理解、思维的发展、审美的鉴赏等方面的能力得以提升，并提高学生的阅读能力；

9. 将研究成果推荐给其他语文教师，为未来的中学语文阅读教学提供新的教学思路，扩展教师的教学途径，激发学生的学习热情。

（二）本课题的研究内容

本课题研究主要是对核心素养下提升中学语文阅读能力的研究，其中对中学语文阅读教学方法的研究为本课题研究的重点内容。在研究过程中，还包括对学生学情的分析、中学语文阅读内容的分析、学生课堂表现情况的分析等。具体研究内容如下：

1. 详细解读核心素养与中学语文核心素养，从中找到二者之间的联系，并将语文学科核心素养与语文阅读能力进行关联，找到其中可结合的方向，了解在语文学科核心素养下应该怎样进行教学，提升学生的阅读能力。

2. 分析国内外的研究现状，并对其中的资料进行详细的整理与分析，包括相关著作、报刊、教材等内容，从中找到能够应用于本研究的教学理论和教学方法，借鉴他人研究中的精华，并对其进行提炼。

3. 组织本课题组成员进行讨论，从众多语文教师的教学经验中总结经验，初步拟定出可用于教学实践的教学方法，并制定相应的教学方案与教学计划，确定相应的实验班级。

4. 对实验班级中的学生进行分析，了解学生在语文阅读中存在的问题，了解学生对于文章的理解能力与解决问题的能力，根据学生的学情选择相应的教学方法进行教学实践。

5. 在实验班级中根据之前制定的教学方案与教学计划进行授课，详细记录学生对教学方案的适应程度，包括运用此教学方案进行授课时学生的课上表现、面部表情、学生对于语文阅读的理解情况等问题。经过一段时间的教学实践之后，再观察学生的阅读能力是否得到提升、核心素养是否得到培养。

6. 将本课题研究包括研究内容、研究计划、研究过程、研究成果等在内的所有资料进行总结，撰写相应的研究报告与相关论文，并对今后的课题研究方向进行展望。

三、本课题的研究方法、实施步骤

（一）本课题的研究方法

1. 文献分析法。广泛收集各种相关的研究资料，包括论文、著作、期刊、报纸等内容，从中了解前人研究的优势与劣势，归纳总结当前学术界对于中学语文核心素养的研究成果，并以此作为依据，进行本课题的研究。对前人研究中有效的教学理论与教学实践方案也进行总结，找到能够应用于本研究的教学方式。

2. 调查研究法。在课题研究之初运用问卷调查或访谈的形式，向各语文教师征求教学建议，集思广益，从中找到能够适用于中学语文教学的方法和策略。从语文教师的教学经验中，了解教师们对于语文核心素养的认识、看法，并以此作为本课题研究的方向。

3. 比较分析法。将核心素养与语文学科的核心素养进行对比，并总结出其中的相同之处，以此作为本课题研究的指导方向。将核心素养与语文阅读的关系进行比较，并联系二者的相似之处，从中找到能够用于教学实践的方法和策略。

4. 实践验证法。理论源于实践，也要在实践中进行检验，只有经过实践的检验才能够确定理论的正确性与有效性。因此，在本课题研究中，要将制定的教学方案与教学计划进行实践检验，从实践中发现课题研究的可行性操作，检验之前制定的教学方案是否可行。

（二）本课题的实施步骤

1. 准备阶段（2017 年 6 月—2017 年 7 月）

将语文学科的核心素养与语文阅读相联系，找到二者可以结合的方向，了解在语文学科核心素养下如何进行教学才能够提升学生的阅读能力。

2. 理论学习和研究阶段（2017 年 8 月—2017 年 9 月）

对国内外的研究现状进行分析，从中总结他人的教学经验与教学理论，找到先进的教学方法，总结出可用于本研究的教学方式；组织课题组成员对课题内容进行分析，找到课题研究的重点，并制定教学方案与教学计划。

3. 实施阶段（2017 年 10 月—2018 年 3 月）

根据制定的教学方案与教学计划进行实验教学，选择具体的实验班级，在实验过程仔细观察。当实验中出现问题时，及时与各课题组成员进行沟通，解决实验中出现的问题；在教学实验过程中，授课教师将授课内容、授课方式、学生的课堂表现状况进行详细记录，作为后期课题总结环节的依据；教师每月对学生进行测试，了解学生对于阅读能力的掌握情况，了解应用的教学方式是否能够提升学生的阅读能力；教师月末对学生的核心素养进行评价，了解核心素养对于学生阅读能力提升的作用与价值。

4．总结提高阶段（2018 年 4 月—2019 年 6 月）

课题实验教学结束之后，对课题的整体情况进行总结分析，将本课题研究过程中的研究内容、研究过程以及研究成果进行汇总，整理出能够提高中学生语文阅读能力的教学方法；总结课题研究过程中语文教师教学能力提升的方面与提升途径，总结学生核心素养培养对阅读能力提升的重要作用；撰写本课题研究的结题报告与相关论文，对以后的中学语文阅读教学的相关研究提出建设性的建议。

课题组负责人所在的学校网络设施和电教设备先进且齐全，为本课题研究工作的顺利开展提供了充足的技术保障。图书馆藏书也极为丰富，为课题组进行与课题相关的资料查找和文献搜集提供了充足保障。另外，学校的教学改革氛围十分浓厚，学校教师也都拥有极高的教学水平和高尚的道德素养，能为本课题的研究工作提供有益的指导和帮助，给出具有建设性的意见。课题组负责人通过向学校申请，拥有了一笔丰厚的研究资金，用来支付课题研究过程中所有开支费用。

总而言之，本课题组成员有着丰富的教学经验和高超的教学水平，且具备课题研究所需要的硬件条件，储备了丰富的理论知识和实践基础。因此，本课题的研究完全可行。

（2019 年兴宁市课题，已结题）

第八编

怎样促成专业成长

东方有话说

普通教师怎样促成自己的专业发展呢？ 下面是我的经验和感悟：

1. “活到老，学到老”

学习国内外先进的教育教学理念，可以看书听书，也可以通过网络视频学习或公众号零碎的阅读积累。学习优质课例，可直播，可课堂实录。

不断地接纳和觉醒，接纳新的教学技术、网络技术为我们所用。要有前瞻性和觉醒，才能比别人走得快、走得远。

2. 笔耕不辍

写实录、写论文、写随笔、写“下水作文”等。这些前边已有写，不再赘述。我在这补充说下，课前写下对文本的研读笔记和课后写反思或教学感言很重要。

3. 参加名师工作室是最快捷的方式

“行万里路不如读万卷书，读万卷书不如有高人指点”，正说明了这点。在名师团队有专家、名师主持人指导培训会少走很多弯路。

下面是我在课后的一些反思和参加名师工作室的一些研修心得体会。

《望岳》教学设计反思和心得

《望岳》是“诗圣”杜甫所写的一首五言古诗。这首诗写于诗人 24 岁落榜后的漫游途中，写的是游览泰山时的所见所感。诗中热情地赞美了泰山高大雄伟的气势和神奇秀丽的景色，透露了诗人早年的远大抱负，表现了诗人不怕困难，想要攀登顶峰俯视一切的雄心和气魄，历来被誉为歌咏泰山的名篇。

教学参考书对古诗的教学目标是：了解诗人生平及诗歌的创作背景，有感情地诵读古诗，注意节奏和韵律，体会诗人情感。本课课后练习的主要要求是反复诵读诗，体会尾句“会当凌绝顶，一览众山小”的含义，背诵默写整首诗。

根据此诗的内容及单元教学目标和课后练习要求，我把这课的教学目标定为：（1）学习古诗诵读的基本方法；初步学习诗歌鉴赏的方法；感悟诗人对祖国山河的热爱。这几个方面也是我这一课教学的重点。（2）感悟诗人远大的抱负，并结合杜甫其他诗作，激发学生学习其伟大抱负，我把这定为此课的教学难点。

依据教学目标课前我设计了导学案发给学生预习，从课后练习的要求设计了以下导入语：

同学们，你们知道五华县最高的山是什么山吗？有谁登过这座山吗？这座山留给你的印象是什么？（让学生畅所欲言）今天，我们走近一位熟悉的诗人，他也在美好的年龄登山，看看他登山的感受是怎样的。那就是我们要学习的《望岳》。（这个导入拉近了与学生的距离，也衔接了课文内容。）

导入后，我设计了以下板块作为教学过程去落实各项目标：

一、 吟读，懂诗韵

1. 同学们选择自己喜欢的方式读诗，提醒该注意哪些字音，齐读。

2. 让学生谈诗的朗读节奏和停顿，然后教师明确。

3. 应该怎样读出感情呢？（明确：激越、高昂）范读（放录音）、齐读。

在这一环节中我有个细节处理得机智，就是我发现有个学生读得很好，就让他带读，而放弃了预设的范读录音。

二、 通读，明诗意

让学生结合注释、导学案梳理诗意后回答以下几个问题。

1．全诗围绕哪一个字展开？（望）作者望见了什么？（配乐）（用自己的话来回答，请每个小组接力发言，发言内容不重复）师明确。（板书：所见）

2．面对此景，诗人产生了什么想法（感受）？

3．你怎样理解诗歌的最后两句？这两句诗表达了诗人怎样的情感？

为贯彻主持人温佛君老师对古诗的要求：诗歌要在反复读中泡出画面，所以学生译读时，我用简笔画提示诗中之景。学生发言后，在他们眼前展开泰山的鸟瞰图，想象泰山雄伟壮阔的胜景。（屏幕显示穿插泰山风景图，让他们背出诗句）

三、 品读，悟诗情

提问：诗人是怎样写出自己的所见所感的？（写法赏析）提示赏析角度：（炼字、修辞、描写手法等）

方式：小组合作、讨论，推荐成员发言

这一环节，学生完成得很不错。老师分句给学生明确。品读后再次指导朗读，注意重音，语调语速随诗人感受而起伏变化。

然后让学生在理解的基础上吟唱、铭记诗歌。感觉学生很喜欢，他们要求再唱一遍。

四、 深读，解诗魂

追问：诗人为什么会写出如此意气风发的诗篇？（知人论世）

要求：阅读导学案链接材料杜甫的生平介绍，将与这首歌对应的时代、诗人的经历勾画出来，然后概括原因。

明确原因后，为深入理解诗人情感，模仿诗人形象再次朗读。我觉得我处理得巧妙的是我把知人论世放在这一环节，精彩之处是上台模仿的那个同学自信心快爆棚了。

五、 拓展，敬诗人（这是落实教学目标中的难点）

设计了这一问：诗人年轻时的这种雄心壮志有没有影响到他的一生呢？从他的哪些诗可以看出？（可回忆小学学过的诗）

让学生重温了《春夜喜雨》，了解《闻官军收河南河北》和《茅屋为秋风所破歌》的重要语句，从而理解诗人忧国忧民的形象。让学生学杜甫从小树立抱负，喊出自己的抱负，把这节课推向高潮！

然后以“我的收获”来让学生总结课的内容：

1．通过这节课，我们懂得了诗歌的朗读方法，也懂得了诗歌可从炼字、修辞手法、描写手法等角度赏析。

2．《望岳》抒发了诗人对泰山的喜爱、赞美之情；体现了诗人勇攀顶峰的决心和意欲俯视一切的气概；反映了诗人青年时考场失意，毫不介怀，望泰山以抒发兼济天下的志向。

3. 这一志向影响着杜甫的一生，使杜甫成为人们仰慕的人。

六、 我的作业我做主

最后以“我的作业我做主”来完成这节课的作业布置。

1. 必做题：背诵并用楷书默写《望岳》；搜集、积累杜甫抒写忧国忧民情感的诗句。

2. 选做题：为《望岳》谱曲，或寻找合适的曲调，唱出诗歌所传达的积极向上的进取精神。

这次上课，我觉得累并快乐着，收获很多。我满意的是学生自主性不错，教学目标落实好。课堂生成好，问题设置简单，课件制作简单明朗。我是第一次用希沃白板进行备课，觉得希沃白板真是好东西，功能很多。现在我能按自己思路用希沃较娴熟地自制课件。不足之处是时间把握不够好，赏析诗歌只从炼字和修辞角度进行会更好！

（本文为梅州市温佛君名师工作室线上教学设计交流会心得）

我们的互联网时代教学反思

在“说”方面，我一直在思考：当学生不愿意发言、不敢发言的时候，我们该顺其自然，还是鼓励推动一把呢？

在省工作室学习中，指导专家孔维波教授的“从语言的角度深度解读语文文本”讲座中谈到的两个故事让我记忆深刻。

一个是巴别塔的故事：

《圣经·旧约》记载，洪水过后，挪亚的子孙繁衍了众多后代，虽居住在不同的地方，却都说同一种语言。后来，他们往东迁移，计划在示拿地方修建一座通天大塔。但上帝不喜欢他们的目的和做法，于是，在塔快要建成时，变乱了他们的语言，使他们相互之间无法交流，塔也就不能再修建下去。后来，这些人散居世界各地，各说各的方言，从此，人类的语言不再统一。造塔的地方名叫巴别，希伯来文的字根是“变乱”的意思，也有的学者认为它在巴比伦语中意为“神之门”。《圣经》中的“巴别塔”象征着凡人的狂妄自大和一次徒劳无功的努力。

一个是印度狼孩的故事：

1920 年在印度加尔各答附近一个山村里，人们发现狼群里有两个人类孩子。

人们打死了狼后，在狼穴里发现两个狼孩，大的八岁叫卡玛拉，小的两岁叫阿玛拉。

狼孩刚被发现时，生活习性与狼一样，用四肢行走；白天睡觉，晚上出来活动，怕火、光和水；只知道饿了找吃的，吃饱了就睡；不吃素食而要吃肉（不用手拿，放在地上用牙齿撕开吃）；不会讲话，每到午夜后像狼似的引颈长嚎。

阿玛拉在第二年去世，卡玛拉活到十六岁，经过七年的教育，才掌握四五个词，勉强地学几句话，开始朝人的生活习性迈进。她死时估计已有十六岁，但其智力只相当于三四岁的孩子。

这两个故事暗示我们：人类的所有成就中，无论正面的还是负面的，都涉及语言的应用和交流。

狼孩因为长期脱离人类社会，没有产生人类所具有的脑的功能，也不可能产生与语言相联系的抽象思维和人的意识。

当理解不存在时，一个关系便成了巴别塔。它表示人与人之间有着巨大的隔阂，即使说着同一种语言，双方也不能互相理解。

由此想到，一个孩子如果长期不愿意发言，他的语言能力会退化，语言习惯会恶化，会像狼孩那样语言思维下降，甚至大脑功能都会退化，也许会像巴别塔里的人们一样语言变乱而无所成就或无法沟通而遁入苦海。所以，我选择了撬开学生的嘴。我常会创设一些情境让他们愿意发言，急需表达。在这次我们互联网时代综合性学习“奇葩”之旅中，我惊奇地发现，一个个不愿意发言的孩子，逐渐愿意发言了。我找到了这背后的原因，那就是创设的内容能引发学生的自信，从而让学生产生强烈的内动力！学生骨子里是希望被人看见、被人倾听、被人理解、被人肯定，以至被人需要的。

（本文为综合性学习探索讲座原文）

做一个？师

这个教师节，我感受颇多，也写了很多，但终究没发文！最后我和“做一个？师”这个填空句较上了劲！如果叫你填空，你怎么填？

做一个鸣师？

说到名师，听到旁边有人大喊：“名师难，名师难，难于上青天！”那就做一“鸣”师吧！何为鸣师？很多老师会说，这个我会，就像刘欢唱的：“路见不平一声吼！”见到不好的我们能大胆地指出，大胆地发表自己的看法，这是鸣师的做法。也许我们做不到“一鸣惊人”，但也可以常常鸣叫，发出自己的声音。鸣师往往不在乎时光易逝，不在乎岁月蹉跎，不在乎名利得失。他们适时而雅鸣，争时而和鸣。他们善于学习，敢于发言，对同事对学生的美好敢于赞美、敢于叫好。也许没有鸣师，就没有“百家争鸣，百花竞放”的美好前景。

做一个瞑师？

做鸣师还好，最怕的是随着年龄的增长，慢慢地放下了所有，直接躺下变成了瞑师，成了一个叫不醒的装睡的人。对什么都似“事不关己，高高挂起”，教师一旦产生了这种想法，那教育事故就会发生。或是像《狼》中的“目似瞑，意暇甚”的状态，这样的教师最终也只能落得像狼一样被毙掉的下场；或是像一个装醉的人，睁一只眼，闭一只眼，这样的后果也许“不在沉默中爆发，就在沉默中灭亡”吧；或是什么都无所谓，过上了“躺平”的日子，那就会不思进取，会误人子弟了。谁都可以躺平，但我们教师绝对不能躺平！责任使然，我们不能做瞑师！

做一个明师？

明师，明明白白当老师，那就是一生一世的事了。这是我努力的方向。教育是一种“以人育人”的活动。明师的修炼是一辈子的事情。江苏省模范教师王树堂说：“年轻的时候不会教，等会教了，又老了。”著名特级教师于永正老师说他退休后才明白教育是怎么回事。他觉得自己的教师生涯充满了遗憾。他说：“如果让我再教一届学生，我会……，不会……”所以，名师易，明师难。

王树堂老师和于永正老师的话让我久久不能平静。我常常有这种感受，看自己的课堂实录感觉看不下去，上过的公开课从来不愿重上，总感觉不成功。看着余映潮老师的教学主张，感觉自己似白教了那么多年，也感觉自己似误人子弟太多。虽然自己曾那么努力地备课、上课，那么尽力地做班主任，但回忆起来总有痛心的一幕。前些年，我缺少系统的先进教育教学理念学习，缺少名师的指引。早些年如能有名师指引，能有意识去学名家思想、理念，也许会少走些弯路。

我已年过四十，我想已错过了评名师的机会。教书育人二十余年，我希望做一个透亮、明明白白的明师！

（本文为梅州市温佛君名师工作室教师节交流心得）

学而知不足，思而得远虑

——梅州市温佛君名师工作室研修心得体会

我努力着，学习着，收获着。回想学习的过程，从心底里感谢主持人，感谢工作室这个平台，让我认识并走近这么多热情智慧的语文老师。在这个平台，我学到了很多，感受到很多。盘点一年的学习生活，既有观念上的洗礼，也有理论上的提高；既有知识上的积淀，也有教学技艺的增长。这些概括起来有如下三个方面：

一、 在努力中热爱

记得在工作室开班仪式上，指导专家廖振雄校长说："名师更应该做好本职工作，不应因参加了工作室而影响工作。要做领导、家长信任的老师，学生喜欢的好老师。"他还说我们是否是个好老师是由家长、学生决定的。我记住了这些话，更加严格要求自己做好教育教学工作。即使工作室有任务时，我也不落下学生一节课，有任务尽量挤自己下班后的时间去完成。我更加热爱我的工作，我的教育教学工作也更顺畅了。我十分珍惜工作室的研修，因此学习也没落下过。所以虽然忙点，但我觉得很充实、很快乐！

二、 在读写中前行

参加工作室后，主持人引导我们学习《中学课程标准》，学习余映潮老师的评课、上课主张、诗意手法等。出来工作后，我就一直喜欢余老师的上课风格，但第一次如此系统地学习他的理论，所以我把余老师教学主张类的书都买了下来。第一次觉得书是甜的，奢求能有时间静静地读本好书。工作室每次研修都要写总结、写心得体会。以前懒得去写，但在工作室的驱使下，我觉得我最大的成就就是开始喜欢写了，写下教学设计反思，写下教学实录，写下随感……

三、 在历练中提升

名师工作室的学习培训也给我带来了机遇，给我提供了锻炼自己的舞台。在工作室开展"大兴化"联合研修时，我主动接受任务，承担了《望岳》的讲课。在线上研修交流时，我主讲教学设计方面的反思……在备课过程中，我反复地磨课，向主持人请教，研习名家的课堂，力求自己能做到把握教材到位，上出自己特色来。在此过程中，主持人的悉心指导、同仁们的真诚评点成了我宝贵的精神财富。虽然本节课在授课过程中还存在着很多问题，但也让我看到了自己与名师的差距，激发了自己不断前进的斗志。

四、 在聆听中进步

名师工作室活动丰富多彩。执教者们睿智的语言、独到的教材解读、教师的才艺表演、“1＋X”的教学艺术、教师基本功的培训等，无不深深震撼着我。集中研修更是解开了一直压制在心头的迷惑，使我找到了努力的方向。每一次的聆听都给了我新的思想、新的启发，“魅力语文”的教育新理念在我心间越发明晰，这一切为我的教学注入了新的活力。

名师工作室的学习让我沐浴着关爱和成长，更让我发现了自己的不足。感谢工作室给我思想上的洗礼、心灵的震撼、理念的革新。在今后的学习中，我会常常反思自己的不足，缩短差距，不断进步。

安流行

——梅州市温佛君名师工作室联合研修心得体会

“知我意，感君怜，此情须问天”

秋天来了，寒意渐浓，而到五华安流中学的两天，我的心温暖着、澎湃着、感动着。

魏主任为此次研修忙前忙后的身影，让我感动着；安中领导、老师的崇文和热情，让我感动着；工作室主持人及成员所展示的名师风采，让我感动着；安中学子的礼貌上进，让我感动着……

安中百年老校的人文环境，让我熏陶着。三江书院让我停留不前；孔子像、老子像让我记忆犹新；理科状元牌让我赞叹不已……

安中的校园是美丽的，叶子从大树上落下，有的像蝴蝶翩翩起舞，有的像大雁展翅飞翔。地上洒满了落叶，安中的学子追逐着打扫，而风一吹飘起来了，载着安中人的梦想伸向远方。安中的一切美好留在了我心里，此刻让我想起：“知我意，感君怜，此情须问天。”

“横看成岭侧成峰，远近高低各不同”

最精彩的是三个工作室成员的课堂教学展示，有高考复习备考课，有初中古诗文阅读课，有高三诗词鉴赏专项课等。课中有难题巧解、小组讨论，有诗歌吟唱，有才艺表演……精彩不断，赞声四起，让人难以忘怀！

记忆中的丁山老师在课堂中幽默、多才，印在心里的是他的结束语：“热爱读诗，愿你能把生活过成诗！”展芳老师的课堂，思路清晰明了单纯，课堂处理机智。颂平老师的课在坦然淡定中传递给孩子们满满的正能量：艰难都会过去的，坦然乐观地正视前方吧！再说下我的课，我感觉到了安中学子的可爱、真诚、上进，我上得很愉悦、很忘我。我是借课后练习来点心灵鸡汤：心有多大，事业就有多大，做个有抱负的人！

很遗憾没听到人美声甜、气质如兰的丹萍老师的课，但我看到了江主任录的小视频，我想她的那朵兰花一定会留在大家的心中。

评课时让我印象最深的是主持人丽萍老师的口吐珠玑，妙语连珠；展宇老师的精彩客串，才华毕现。江主任工作室成员对丁老师的评课让人“浮想联翩”，说听他的课是一种享受，如沐春风。他还主动要求加微信。让我感到既激励又惭愧的是，三个工作室成员都夸奖了我。刚好江主任和曾萍老师也评了我的课，被他俩充分肯定是我的荣幸。

精彩纷呈的课堂和各抒己见的评课，让我想起了苏东坡那句："横看成岭侧成峰，远近高低各不同。"

"春种一粒粟，秋收万颗子"

开班仪式时我激动着，我见到了我曾经想加入团队的主持人魏一鹏主任和江誉忠主任，我见到了曾经的对手大埔的曾萍老师、五华的小华老师，看到了2020年诗词比赛一等奖得主赖丽萍老师……工作室真是高手如云、名师汇聚啊！

5日下午的讲座让我收获满满，没想到江主任能把枯燥难懂的"小课题如何选题与设计"讲得那么有趣，那么通俗易懂。指导性很强。整个讲座，我都是面带微笑的。温老师进行了"诗歌教学专题指导"，我很多时候感觉他就像他的名字"佛君"，佛一样的君子，刚正不阿又能普度众生，所以我们平时都喜欢听他评课、析课，实在有用。他的讲座也一样，很扎实，很接地气，对课标、考点、教材了如指掌。

开班仪式和讲座让我再一次明确了加入工作室是余生最有意义的事情。生活可以苟且，但一定要有诗和远方！这就是"春种一粒粟，秋收万颗子"啊！

客家人有句话"蒸酒磨豆腐，没人敢称师父"，我想教书也一样。我们三个工作室肯定都有短板，通过此次研修我们也更明白了。我想起了梅州市魏一鹏名师工作室成员海环老师的一句话："上好课是要天赋的。"他不经意的一句话却让我当时很震撼，也许教书是要灵性和悟性的，但我更相信勤能补拙！我佩服魏主任的智慧，选择了富有寓意的三江汇合的安流。让我们汇聚后奔腾到更远的地方吧！

送培引领促成长，春风送暖入心田

——梅州市温佛君名师工作室开展“送培”活动

“美了，美了”，听着小伙伴的惊叹，看着那经典的文化墙，伴着那和煦的春风，迎着那真诚的笑脸，我们来到了罗浮中学，体味那热情好客的脉脉温情，感受那崇文重教的浓郁氛围，开启了2021年度工作室的“送培”到校之旅。

为了充分发挥学科工作室引领辐射作用，为了促进城乡教育的均衡发展和教育教学质量的全面提高，为了进一步提高教师的课堂教学研究能力，促进语文教师的专业成长，2021年3月30日，梅州市温佛君名师工作室以分片教研活动为契机，到罗浮中学开展“送培”到校活动。

“送培”活动在黄云雀老师的《十五从军征》中拉开了序幕。上课伊始，云雀老师先出示图片，引出“战争”，引出“乐府诗”导入新课。然后提出朗读要求，让学生自由朗读、做好标记，扫清字音、字义、句义等障碍。接着，让学生品析诗句、感悟诗情。最后再读诗歌，体味诗境。教学设计环环相扣，行云流水。

下课铃响了，但精彩还未完……

评课时，云雀老师像个欢快的云雀，先把她对课文的理解和整节课的教学构思“叽叽喳喳”地告诉了大家。接着，与会教师畅所欲言，进行了评课议课。司城中学、罗岗中学、兴民中学、罗浮中学的教研组长和听课老师都对黄云雀老师的这节课给予了充分的肯定，特别是对云雀老师自然的教态、流畅的语言、详细的讲解给予了高度的赞扬。对有些带有共性的问题，老师们进行了深入的探讨。

工作室从磨课的角度、从打造精品课堂的角度对云雀老师的课进行了评课议课。围绕着余映潮老师的课堂评价30字标准——“思路明晰单纯，提问精粹实在，品读细腻深入，学生活动充分，课堂积累丰富”，工作室学员坪洋中学钟小珍老师认为可以将课外作业中的拓展题在课堂中进行训练。工作室学员兴民中学刘艳芳老师认为可补充中考题型（直接性默写或理解性默写）对学生进行训练，直观地呈现学生的学习效果。工作室学员华侨中学彭旭辉老师认为这堂课语文味比较浓，文本知识渗透好，如果老师能结合学生的课堂表现在“收”“放”方面做得更自然一些的话，课堂教学环节也许会显得更流畅。我充分肯定了云雀老师的钻研精神，认为本节课的课件制作精美，能用小组讨论、合作探究等形式组织课堂。不过，小组合作有点流于形式。集体训练多，但学生活动不充分，导致了学生的自主品读不够细腻、深入。同时我认为云雀老师这节课情感拨动还不够。每次穿插战争、背景材料时，学生的情感刚要被掀起，就又回去了，总是差了一点点。这无疑让人觉得很可惜、很遗憾。工作室助手、实验学校张展宇老师认为云雀老师语言精练，善用古诗及诗的语言来描绘诗中的情境，从而感染学生，达到了教学目的。通过“读、品、悟”的方法与步骤进行诗歌的教学，教学设计环环相扣。他的建议是：这首诗是叙事诗，结束课时可按时、地、人、事梳理整首诗。这样做能一举两得，既加深了学生对课文内容的理解、对主旨的感悟，也顺便完成了课后练习四。

工作室主持人温佛君老师认为云雀老师较好地完成了《十五从军征》的教学任务。他从教学理念、教学设计流程、教学各环节中师生的表现方面对云雀老师的课进行了点评和指导。他认为可以采用先读背后赏析梳理的流程组织《十五从军征》的教学。在引导学生走进文本的时候，要解释“始得”；在选点品读的时候要扣住这是一首叙事诗来进行，要点明记叙的要素，要加入各情节的心理活动，引导学生完成课后练习四——将课文改写成记叙文。在此基础上，温佛君老师作了“基于单元目标和阅读提示安排教学”的微讲座，提出了备课三步骤：先看课文做课后题目，后看助读系统、教师用书，再参考课堂实录做教学设计。

与会教师热情饱满，认真记录，积极思考。大家都明白磨课就是一个“千淘万漉虽辛苦，吹尽狂沙始到金”的过程，一个上课没有最好只有更好的思维碰撞过程。

“送培”期间，刘维权校长领着我们参观了美丽的罗浮中学校园。罗浮中学校园文化建设深深震撼了我们！一尊尊的石雕圣人像，一扇扇色彩斑斓的文化墙，一排排的励志栏……让我们联想到了《典籍中的中国》《经典咏流传》等节目。该校还设置了功能楼，我们透过林立的牌子看到了各部门办公室及各学科教研室。佛君老师代表工作室对刘校长表达了深深的谢意，感谢刘校长对工作室的支持，感谢刘校长为工作室开展活动做出的周密安排。佛君老师赞扬了刘校长对校园文化建设的重视，认为罗浮中学是一个精致的学校，可以将学校的客家文化长廊作为亮点进行宣传。

刘校长对工作室的“送培”活动给予了高度的评价，希望工作室能经常开展这样的活动，引导农村教师特别是年轻教师潜心教育教研，打造富有特色的高效课堂，促进青年教师的专业成长。

2021 年 3 月

我们都是追梦人
——广东省夏峥嵘名师工作室第一次跟岗学习心得体会

菁菁者莪，在彼中阿。既见君子，乐且有仪。

菁菁者莪，在彼中沚。既见君子，我心则喜。

菁菁者莪，在彼中陵。既见君子，锡我百朋。

泛泛杨舟，载沉载浮。既见君子，我心则休。

随着这学士乐见君子的诗，我踏进了从化第五中学，参加这次广东省夏峥嵘名师工作室的跟岗学习。

寻找同一尺码的人

夏老师见到我们谦虚地说："我们是互粉，是寻找同一尺码的人！"在团队的"破冰活动"中，我感到参加夏老师工作室的学员都是上进爱学习的人。我原来想所有学员中我年龄应该最大，没想到不是；我原来想参加工作室的应该都还没评上副高职称，没想到不是；我原来想参加工作室的应该都是像我一样本科学历的，没想到有五个是研究生学历。

在学习生活中我深刻感到"能来学习的都是幸福的女人，幸福的老师"。最年轻的小伙伴媛媛说："我对我老公说我老了，没有多大发展了。"她老公对她说："你要多学习，你正是花季，三十五岁前太年轻，没资历，没沉淀，三十五岁后正是各方面发展的好时期。"这次学习，她儿子才十个月。她割舍对儿子的眷恋，在老公的鼓励下从湛江来到从化参加工作室的学习。南沙区年轻教研员欢欢的老公对她说："你去教研室工作，你的人生会不同，眼界不同，境界也不同！"年轻的副校长贵华说："我老公很支持我学习，叫我放心。说两屁孩他会管好、哄好的！"我们的丽梅姐说："我任初三两个班兼班主任，现在是区工作室和市工作室的主持人，幸亏老孩子、小孩子不用我管，有时间为大家服务、折腾。"……我们跟岗学习一个星期，如果我们的先生不支持，肯定参加不了；如果我们的上司不支持，肯定参加不了。我们来一趟不容易啊！所以交流中有很多小伙伴夸自己学校领导，感恩学校领导对教师提升的重视和支持。扎根山区的建芳副校长动情地说了句：“愿我们像夏老师希望的那样，‘聚是一团火，散作满天星’。”

有些人注定会喜欢

不经意中，我在屏幕上看到了夏老师，我便喜欢上了夏老师！然后我便寻找着她并报名参加她的工作室。在填表时她给我提了意见，我感受到了她的耐心、细致，更坚定了我的决定。这次跟岗学习，夏老师亲自上了一节深度学习的示范课。她的课让人如沐春风，轻松自然！她对文本的研读透彻，提问精粹实在，品读细腻深入。她还充分利用文本去落实单元目标和课后练习。她的讲座让我感到了什么是知识渊博，什么是旁征博引，什么是深入浅出。我特喜欢她讲话的声音，总是那么的宜人。

夏老师是个很有爱心和涵养的人。一天吃午饭时，饭堂的饭供应不够，一个老师（不是我们工作室的学员）没有饭吃，夏老师把自己的饭分给了那个老师。饭中不小心，一个老师的汤杯不小心倒了，溅得到处是。夏老师镇定地拿纸巾抹拭，没一点责怪的意思。

我觉得夏老师外表是柔弱的，在她身边时，我就想保护她。但我知道夏老师内心又是坚韧和博大的，她是干大事的人。

我也喜欢上了帅气的孔维波顾问，我一次感受到讲座可以这么有趣而又这么启迪人的。开始听时是有点灰心的，感觉自己是不是没达到水平而听不懂，但慢慢地就豁然开朗了。

我还喜欢上了张永璟教授，他的“作文的道与技”，让我感觉是如此的接地气，整个讲座我都屏气凝神，生怕错过哪一点没听到。他勾起了我很多感触，时而伤感，时而振奋，甚至还热泪了一回。平时我是这样落实了，但不知道怎么用理论表达出来。我本就喜欢研究作文，所以他的讲座对我来说如醍醐灌顶，意义重大。

当然我很喜欢我的小伙伴们！我喜欢媛媛的可爱与热情；我酷爱欢欢的睿智与高效；我酷爱欢平和贵华的“人小鬼大”，年轻但学历高、志向高，淡定而温和；我喜欢建芳和丽梅姐的认真细致，办事时的高效、利索；我喜欢建芳的眼睛，眨巴眨巴的，像个小孩子，我想她那两个娃一定特可爱。丽梅说，她年龄最大，但她做事的热情，她的声音和长相总让人感觉她特年轻。我喜欢倩敏的机灵与有趣，她那缕白发留得特长，成了她特有的风景，她说她那缕原来是金色的。我喜欢燕霞的取舍和坚持，她原是行政，但为了喜欢的教研而放弃了行政职务，她说她是闲暇之人，自是放任闲暇好。我喜欢慧慧的从容与好学，我和她早互相欣赏，但真正面对面交流还是第一次。这次学习，她是我的舍友。我觉得她就像个小姑娘，圆圆的脸蛋镶嵌着甜甜的酒窝，总是静静学习、静静工作。但她可是县宣讲团成员，不说话谁知她口才那么好呢！

累并快乐着

我们每天的学习是紧张有序而忙碌的！白天听课、评课、听讲座，晚上写心得体会、写总结。感觉很累，但又是快乐的。听讲座时的若有所思、会心一笑，听课时的激动和震撼，评课时的热烈和精彩，研课时的交流和碰撞，无不刷新我的知识，无不冲击着我的大脑。我感到学习是无止境的修行。趁自己还能走，要多走走，多开阔视野。晚上写总结、写教学设计时，有时也感觉无从下手，绞尽脑汁，但往往又是“山重水复疑无路，柳暗花明又一村”，满血复活的感觉！

正如夏老师说：“不是一家人，不进一家门。”我深深地感到我找对了主持人，找对了工作室。我们都是追梦人！

2021 年 10 月

向青草更青处漫溯

——广东省夏峥嵘名师工作室第二次跟岗学习心得

为期5天的跟岗学习在宾华老师的“教学设计”中落下帷幕。匆匆中，我又踏上了归途，思绪也在跟着车的颠簸而荡漾着。

为研修提升而辗转

记得上一次工作室研修是10月份，学校开学工作千头万绪，身为班主任的我更有自己的班要扛着。当时，我还出现了有生之年第一次的眩晕，更难堪的是皮肤全身过敏，脚部湿疹溃烂。先生说：“这可咋办？又有班工作，身体又这样。”我说道：“我请假，不去研修了，上课是能扛就扛的！”可是转念想到：“这不是我一直希望的学习吗，怎么能随意放弃呢？”我想征求下教研员佛君老师的建议，他的回复是：“重要事情说三遍，一定要去学习，将对你专业提升有很大的帮助。”我也知道省教育厅规定，研修缺席的学员年度考核将会不合格。先生说：“那我带你去傅友明医生那看看，他那有免煎的中药，你带去学习，我才放心。”

于是带上中药，带上对学生的牵挂，伴随着先生的爱，伴随我的梦想，我开始了作为广东省夏峥嵘名师工作室学员的第一次跟岗学习之旅。

在学习中，我听着、做着笔记，有时晕晕的，有时皮肤痒痛难忍。有个晚上，我从梦中惊醒，心跳得厉害，溃烂的皮肤出血……第一次害怕死亡。那晚我发了信息给先生和女儿，诉说我的情况，有点像交代后事。现在想来真是幼稚可笑，但那时却是我真实的感受。

再说这二次研修吧，遇到了生理期，坐车四五小时，坐得我腰腿酸软脖子疼。又不知道吃错了什么东西，整个研修都肠胃不适、疼痛等。但所有的困难都在小伙伴那句话中找到了答案：“只要收获满满，脱层皮也愿了！”

听专家论道而激荡

我们相聚活力鹏城，在深圳市第三高级中学进行了为期五天的跟岗集中研修活动。本次活动集中研修与广东省杨祥明名师工作室团队、广东省强师项目初中语文骨干教师团队同行。

集中研修的第一天，广东省名师工作室主持人杨祥明老师给学员们带来题为“草根科研，名师专业成长的捷径”的专题讲座。杨老师形象地把“为了解决教学实际问题的基础科研”称为“草根式科研”，并对“草根式科研”的价值取向、思路方法、过程特点、主要方式、策略总结、写作技巧作了系统阐释。杨老师的讲座幽默诙谐、富有感染力，他结合自己读书、求职、工作中一个又一个生动有趣的事例，启发大家如何在工作“减负提质、快乐教学”，勉励学员们通过“草根式科研”的模式，“在研究中成长，在成长中快乐，在快乐中发展，在发展中享受”，寻找一条适合自己的名师成长捷径。

他的讲座引发了我的一些灵感，也在不经意中让我似乎找到了出路。我想这就是宾华老师说的“读万卷书不如行万里路，行万里路不如有高人点拨”吧。我不禁低吟起“没有花香，没有树高，我是一棵无人知道的小草”，我觉得我的教学研究也属“草根式教研”，我又像是徐志摩诗中“在康河的柔波里，我甘心做一条水草”这株“水草”。

研修活动的第二天上午，文学博士、广东省第二师范学院余新明副教授作题为“语文教师的文本解读”的讲座，余博士的讲座分别从文本解读的内涵、文本解读的策略、文本解读的方法以及文本解读的运用四个方面对文本进行了具体细致的解说。余博士指出，语文老师在解读文本的时候，不应只重视内容的解读，更应重视文章的形式，同时强调文本解读可以多元化但要有界限。最后，余博士结合中学语文教材中的课文案例分析了中国古今文本解读的经验，为我们提供了更多解读文本的方法。

集中研修活动的第四天上午，我们的主持人夏峥嵘老师作题为“于细微处见精神——中学语文经典文本深度解读个案分析”的讲座。然后由杨祥明教授作题为“阅读教学策略与设计艺术——以‘新经验语文’为例”的讲座。

夏老师的讲座围绕“语文核心素养”与中学语文的学习任务群来切入，明确指出：语文教学要突出语文学科育人的特点，文学类文本对学生语文素养的提升比信息类文本更见效力，而其中“深度阅读”加上“有效教学”是最佳途径。夏老师从解读文学类文本的字词、句子、句群、篇章、整本书五个角度逐一展开讲析。她旁征博引，信手拈来，实例丰富多样；她结合初中语文教材中的课文、各类文献资料，讲解浅入深出，新解屡现，令老师们耳目一新，启发我们在解读文本时学会深思细品，推陈出新。

我很喜欢夏老师的讲座，课件精致典雅，声调清婉动人，内容丰富而不冗长！

杨祥明教授的“阅读教学策略与设计艺术——以‘新经验语文’为例”的讲座直击语文教学的两个主要问题：一是教什么；二是怎么教。接着给出明确的答案：一要着眼学生的发展；二要着眼文本特点；三要着眼教学价值。在讲析“教学价值”时杨教授又从教材运用、教材取舍、教学抓手三大方面展开，重点强调授之以鱼不如授之以渔，授之以渔不如授之以思，凸显培养学生思维能力的重要性，立足于实现学生思维发展与提升的语文核心素养。

因此，杨教授认为最好的教学设计应是：学生的思维“活”起来，师生情绪“嗨”

起来，课堂气氛“火”起来，过程人本“融”起来。就怎样设计才能激活学生思维，点燃学生兴趣，杨教授结合教材个案分析悬念式、概括式、求异式、对比式等教学设计。

两场讲座都立足于提升学生的语文核心素养，夏老师的文学类文本深度解读与杨教授的阅读教学设计指导相得益彰，为我指明了语文阅读教学的方向。

研修的最后一天，由深圳市第三高级中学党委书记、校长，特级教师、正高级教师宾华老师给学员们带来压轴讲座“高效课堂策略之建构新型的教学设计观”。

宾华老师的讲座主要分为六个部分进行：一、什么是教学设计，二、课堂设计的两个视角（教师层面的教学设计实施过程和学生层面的学习活动过程）；三、课堂设计的三个重心（第一，实施明确、具体、真实的课堂教学目标；第二，课堂教学设计的操作，要合情、合理、有效；第三，课堂教学设计的操作，要分析课堂教学效果，及时完善课堂教学设计方案）；四、课堂设计的十个要求［（1）教学设计要分析学生的学习需要；（2）教学设计要分析学生的学习任务；（3）教学设计要分析学生的学习行为；（4）教学设计要突出学生的主体地位；（5）教学设计要从学生的问题出发；（6）教学设计要研究和营造学习环境；（7）教学设计要重点考虑师生互动方式；（8）教学设计要准备两三种针对不同群体学生的教学安排；（9）教学设计要注意对教材内容作适当的处理；（10）教学设计要减少统一讲解，增加学生的自主探究，增加学生的分组活动］；五、课堂设计的四个原则（第一，主动性原则；第二，情境性原则；第三，协作性原则；第四，体验性原则）；六、课堂设计的写作范式。

宾华老师的教学设计让我再一次意识到教学设计的重要性，现在很多老师都不写教学设计直接上课，这样不可取啊，更让我意识到教师进行教学设计时仅仅独具匠心地去创新设计一些新颖有效的导入，让学生耳目一新还不够，还应当增加学生交流协作环节，让学生在互动交流中更全面、更完整地理解知识，提升思维。

悟专家点评而挣脱

研修活动的第二天上午，我们听了由广东省杨祥明名师工作室学员阳丽丽、温海娟、张剑挥三位老师承担的说课。三节说课围绕部编版七年级语文上册第六单元写作指导“发挥联想和想象”展开。

随后冯善亮老师针对说课进行点评，他先举了肖培东等人关于“发挥联想和想象”的两节优秀课例做参考，肯定了三位年轻教师的辛勤付出。同时也指出教师备课一定要以教材为根本，明确指导学生写作的意图和方向，课堂焦点应在联想和想象的方法指导，方法指导要有针对性，宜精不宜多，真正让学生掌握能学以致用的写作技巧。

下午，这三位老师为学员们分别展示了“隐形的翅膀——《皇帝的新装》续写”“十年后的我”“联想和想象：奇妙的巧合”的写作指导课。

这三节课均围绕联想与想象开展，从“续写”的方法指导到想象“十年后的我”再到“故事接龙”，从不同的角度授之以渔，为我们提供作文教学的新思路。

课后，冯善亮老师对三节课堂又进行了更具体详尽的点评，他充分肯定了课堂上的优点：在想象与联想的方法指导上各具特色；也提出了批评与修改意见，提醒上课老师在课堂重点的选择上要精准，课堂环节的插入要连贯，问题设置的用词要精当，课堂语言要精简，课堂上既要让学生发挥自主能动性，又不能让学生牵着鼻子走。

冯善亮老师对各位老师课的点评，更让我明白一节课的好坏主要取决于学生课堂的学习情况，学生的反应决定教师是否完成了教材要求的任务，而且让我更明晰写作课应该怎样来上。我力求从以往的作文教学中挣脱出新的出路。

观名师课堂而碰撞

集中研修的第三天上午，学习的主题是观摩《昆明的雨》同课异构课。分别由广东省杨祥明名师工作室唐伟鹏老师、刘攀老师，夏峥嵘名师工作室何建芳老师，强师项目初中语文骨干教师刘小云老师负责展示。

我听的第一节课是我们工作室的建芳老师的课，她的课堂充分展示了“深度课堂”的基本范式：“先学后教”“以学定教”“以评促学”“互学共生”。整节课，她积极引导学生深入分析文本，全面参与学习活动，不断提高思维能力。我佩服建芳上课的淡定、机智，循循善诱的引导。

第二节是广东省杨祥明名师工作室学员刘攀老师的展示课，他以任务单的形式，让学生通过批注分享、朗读展示等形式，反复品味、欣赏文章的语言，体会作者对昆明的真切怀念，理解作者的人生态度。整节课思路清晰严谨，能扣住单元说明、阅读提示，设计起承转合四个环节，机智巧妙，充分调动了学生的积极性，展现了“好课是紧张有序，不发呆的”。

展示课结束后，我们进行了精彩的评课，评课活动分两个会场同时进行。

第一个会场由杨祥明教授主讲，另一个会场在杨祥明名师工作室助手陈羽老师的组织下，老师们对刘攀老师和唐伟鹏老师上的两节优秀课例进行评课。我在第二个会场。

评课会议上，老师们各抒己见，积极发言，有感悟，有收获，有建议。在滔滔不绝的交流中，我们的思想得以碰撞；在坦诚由衷的肯定赞许中，我们得以共同成长。最后，夏峥嵘名师工作室的主持人夏老师进行了总结性的点评，她充分肯定了刘老师和唐老师的展示课，并提出了中肯恰切的建议。

最后，经过大家的推选，我们选了何建芳老师和刘攀老师的课堂录像视频作为下午全体老师的观摩课例。

下午，全体研修老师统一观看课堂录像视频后进行集体评课议课。会议上，在座的老师表现得踊跃而热烈。杨祥明名师工作室代表龙佐民老师评价两位老师的课是各尽其美，教学目标达成高。两位老师脚踏语文实际，通过语言“形、神、魂”三美，让学生把握语言规律，从而实现语文学科的大美育。强师项目初中语文骨干教师代表赖建腾老师的精彩点评，让会场上掌声不断。他以“一堂活动充分展开的好课”为主题，从两个角度提出了自己对两节课例的观感。赖老师认为，两节“自读课”，是在教读课“得法”后进而“用法”的课。这两节课正是从“用法”方面进行了充分教学活动的优质课。

紧接着，广东省夏峥嵘名师工作室助手刘丽梅老师独具慧眼的点评把评课活动推向了高潮。刘老师以“看山不懂山，看山好像山，看山不像山”为主题展开评课。她认为，自读课文就像是摆在我们教师面前绕不开的山，提出了“自读课文到底要怎样教”的疑惑。刘老师的反思让在座的每个老师都陷入了沉思。最后，带着疑惑，老师们认真地聆听了夏老师的专业指导。

面对老师们的教学疑惑，夏老师引导老师们围绕“六个问题”去思考并努力：第一，课标在哪里；第二，书册在哪里；第三，单元在哪里；第四，文本在哪里；第五，学生在哪里；第六，你在哪里。随后，夏老师从这六方面进行了详细的解说，并以此为依据对两位老师的课进行了点评。评课会议上，夏老师对两位老师的展示课进行了充分的肯定，并提出了指导意见。

“问渠那得清如许，为有源头活水来”，我觉得本次同课异构的教研活动，不仅展示了各自工作室秉持的先进教育教学理念，展现了教师们扎实的教学基本功，呈现了独特的教学艺术与风格，而且也为我们搭建了学习交流的平台，实现了我们的自我学习、自我反思、自我成长。

我又想起了夏老师讲座中引用作家梅子涵在评《犟龟》一课时的一句话“上了路，就天天走，总会遇见隆重的庆典”，守梦，“撑一支长篙，向青草更青处漫溯”，定会“满载一船星辉，在星辉斑斓里放歌”。

2021 年 11 月 26 日晚

平凡的人
——致敬练祥芳校长

今天读了王君老师的《我们学校的校花是校长——致敬辛颖校长》，我激动得好几次流泪。好长的一段文字，我一口气看完。我似乎看到了辛颖校长的理性和智慧，似乎看到美丽霸气而又温文尔雅的一位校长，让我感到了“巾帼不让须眉”。一个好学校离不开一个好校长啊！我想起了我们也有个好校长！我突然想拿起笔写他。

我的校长叫练祥芳，是一个平凡和蔼的人，背地里同事们都喜欢亲切地叫他“阿哥”。这不是皇宫里的“阿哥”，而是我们客家人大家庭里的“大哥”的叫法，足见他在同事们的心中有多亲。

源于他的日常

2016年，注定是不平凡的一年，那一年我们的练校长风尘仆仆地赶来了，用一首歌《中国梦，我的梦》走进我们每一个教师的心田。在演播厅，用“开启新征程，奋力走前列”主题校会开启了我们侨中人的新纪元。

清晨，天还蒙蒙亮，他已在校园“巡逻”。中午放学了，除了值日老师外，大家都急着赶回家进行片刻的休息，他却和值日老师一起留在学校，吃着食堂的粗茶淡饭。傍晚时分，所有的师生走了，校长的办公室还灯火通明。他还在忙着学生的自主管理研究，忙着课堂研究，忙着梳理学校的日常事务，带给老师们的课堂改革是“211”高效课堂模式和“三段五步”教学环节……

源于他的涵养

我们从未见校长对师生大声地说过一句话，即使偶尔犯错的老师、学生，他也总是和蔼交谈，悉心教导，找到解决的办法。对于一些“问题生”，校长会亲自找来谈话并鼓励；对于老师的要求，只要他能帮的，他都会没一点架子地去帮助。

记得2018年，我市进行了县管校聘，这使不少教师要分流到其他小学或山区去任教。有些老师提议校长：某些老师不够好，是否可以让他们分流下去？校长反对了这一做法，他觉得要给每个人公正平等的竞争机会，真的没留下来也就没办法！后来，结果出来了，很多分流的老师就冲着练校长说一些难听的话，但练校长总是耐心地倾听，并安慰他们，帮助他们找办法。其实我理解，这是党的政策，作为一个校长，他心里也在流血呢！因为很多年轻有魄力的教师因教龄短或产假等分流走了。哪个校长不希望把好老师留下来呢？而且练校长认为每个人的潜能都是无限的，每个人都是可塑造的，每个人都能成为一个好老师。在他眼中就没有差的教师。他认为只要把学校办好，学生越来越多，教师需求量大了，我校教职工就不用分流了，这一点通过后来的努力，他做到了！

源于他的才华

记得那次省教育厅征求家校协同育人的教育案例，学校领导把这个任务交给我。校长叮嘱我写好后拿给他看看。写好后，我拿给他审阅，他修改了一些，提出了一些建议，让我这个语文老师都自愧不如啊。最后这篇案例被选为广东省家校协同育人的优秀典型教育案例。学校公众号的推文，练校长再忙都要自己审阅过才发。而且听很多同事说过，他们自己觉得很不错的稿子了，到了校长手里，总能发现不少纰漏来。练校长有文字功底，且不浅，这是事实。

他上任的第一项任务是进行课堂改革。在他带领下，走实效课堂，我们一直在路上。他的“211”高效课堂模式和“三段五步”教学环节，影响改变着我们每一名老师。胡万清老师、钟洪锋老师、叶铁彬老师……正是用练校提倡的课堂模式赢得梅州市教学比赛一等奖的。说到这，我还惭愧呢。2017 年市里组织现场教学比赛，我幸运地由学校出线到兴宁赛区出线，然后作为唯一一人代表兴宁到梅州参赛。去梅州参赛前，因我的粉笔字差，练校长让我市教坛书法有名的副校长蓝茂青给我进行专业的指导。比赛最后我获得了梅州市一等奖，但在这次比赛中，基本功粉笔字这项我没有拿到奖。想起总感觉辜负了练校长，虽然他从不会给我们压力。

练校长不但要求课堂上要改革，还要求班级管理也要改革。他提出了学生自主管理，班主任监督引导，实现自律成长的理念。为此，他还组织了师生学习，学生来演讲。谈到这，我喜欢校长庄严的授旗仪式。每届新生到来，校长威风凛凛地站在主席台的旗杆下，授予他们“今天我以侨中为荣”的大旗，他举起大旗迎风挥动三下再授给学生。学生向校长敬礼，接旗后再迎风挥动三下，台下响起雷鸣般的掌声。新生授旗是启示他们要爱校，爱家爱国，爱自己，做好自己。

待中考百日冲刺大会时，校长又授予毕业学生“明天侨中以我为荣”的大旗。那是为了鼓励他们中考再创辉煌，期望他们走出校园后成为对学校、对社会有用之人。在一模后，校长会来个别开生面的活动，在学校演播厅会议室的主席台前面过道上铺上红地毯，让有志少年、奋进少年、优秀少年像明星一样走一遍红地毯，每走过一人就给以热烈的掌声。场面很励志，这是给所有学生加油鼓劲啊，这就是激动人心的“走红地毯”活动。“跃龙门！奔重点！奔一中”，这声音此起彼伏，那是我校百日冲刺的誓师大会。看，那一群群学生，挥舞着旗子，斗志昂扬地跃过了龙门，奔向了“成功门”，我们的练校长开心地笑了。每届学生都离不开他的鼓励，离不开他的心理疏导。他就是这么牛。

源于他的胆识

在学校课堂改革座谈会上，蓝茂青副校长说："练校长的这次主讲，让我想起一副对联：'与有胆之人共事，与无胆之人共死'。"确实如此。我们也曾遭遇过招生困难，狭缝中生存。但因校长的一系列措施，我校取得了辉煌的成绩：学校被评为兴宁教育工作先进集体；梅州市劳动教育特色学校、市心理健康教育特色学校；广东省书香学校，省法治教育实践基地，省绿色学校；全国国防教育基地、足球推广学校……年年的中考成绩突出，特别是2019年中考，兴宁市前五名中我校有四人，分别是第一名吴柳阳1003.5分，第二名张烨1003分，第四名刘佳乐992分，第五名练佳铭990.4分；取得了梅州市前十一名中占四席的好成绩。所有的这一切，使我校得到上级和社会各界人士的赞誉和好评。

因他的勇气和胆识，我校上到了较高的平台，市区的分片教学，全市的各科比赛安排在我校举行。这让我们有机会学习和观摩，促进了教师的专业成长。

私底下有老师谈论："练阿哥不是快退休了吗，他咋不会累，永远都干劲十足的，我真的是服了！"是啊，我们的校长给人的印象永远都是精神饱满、风华正茂的，他总是能想出让人预想不到的办学点子，让我们佩服不已；他总是让我们忙于奋进，而又不动声色；他总能尽力去满足老师们的愿望，而又从不需要言谢！他就是这个大家庭中带领我们前进的领头雁，一个平凡的校长。

（本文是"好校长造就一个好学校"话题的交流心得）

这梦，这路，这追求

我的专业成长分可分为四个阶段。倘若要用个主题词概括的话，那就是“追求”！

这梦如昙花一现

1998年大学毕业的我，为了梦中的长城，为了那句“不到长城非好汉”，约上三个同学千里迢迢到北京天安门前看升旗，然后爬长城。我们披荆斩棘爬到了长城顶，衣服被割得破破烂烂，也不后悔。从北京回来的途中遇到了那场“九八”大洪水，把我挡在了长江那边，错过了工作分配时间，我被调配到了山区的宋声中学。那是一个贫穷、落后、薄弱的边远山区学校，学生要住宿学校，班主任要进行一整天的管理。我天蒙蒙亮就陪着他们做早操，看着他们一日三餐，守着他们晚自习，然后到男女生宿舍查房，等他们入睡后方离开。我最怕的是晚上，高山密林间不时会有蛇窜到学校，向你吐着舌头；不时会有野猫在校道上乱跑乱窜，向你张牙舞爪；不时也会有不知名的怪物跑到窗前，向你发出可怕的叫声，让你无法安睡。

既然环境不可改变，那就埋头苦读，那就健身吧！我开始学健身操，开始订购《中学语文教学参考》《中学语文教学研究》等刊物。我开始喜欢创新课堂，开始尝试不同的教学方式。2001年，我第一次在学校比赛中脱颖而出，代表学校参加阅读教学获得一等奖。以此学校让我兼职语文组长。这一次的“甜头”，让我萌生了教学研究和教学改革的梦。我想语文课是轻松享受、宜人的，是充满正能量和撩人的！现在想来这大有点余映潮老师的诗意手法和王君老师疗愈课的构思。但那只是虚无缥缈的想象，没有切实可行的方案和研究，就如一场不切实际的梦，终如昙花一现！

2004年，在恩师的帮助下，我调到了水口中学，那仍是一个教育落后、薄弱的边远山区学校，但交通方便。在那我一直担任班主任，也兼职过科组长和备课组长。因为爱学习，我没有停下脚步。我曾自费参加过魏书生的教育教学讲座，观摩一些名师的课堂。那时我对教研教改似乎没有更深入的了解和追求，为评职而撰写论文并在刊物上发表，为评职参与了“十三五”课题的研究和撰写。那时我对健身却有着别样的追求，由自学而转向拜师学习，我利用寒暑假去学了瑜伽、肚皮舞，还考了瑜伽导师证。为了传播瑜伽，我还到健身房、会所兼职过瑜伽教练，终因工作太忙而放弃。曾经，学校的女老师要求我上过公益课，疫情期间我给学生编过减压操。

曾有那么一段时间，我觉得教书无出路，我想摆脱老师的清贫，想下海，我做起了老板梦。最有趣的是我还去学了美容，并开了家美容院，维持了两年，终因上班没时间打理而亏本关门。这发财梦也如昙花转瞬即逝！

这路不知在何方

那时学得很多，但却感觉自己在漂泊，感觉很迷茫，自己惶恐不安！不知道自己的生长点在哪，学习就有点盲目，有点拿来主义，不会选择对自己专业有帮助的来学习来深化。后来想想有些学习对专业成长是完全没帮助的，浪费了不少光阴。也不知道自己该往哪里走，该往哪里去发展，没有目标也就没有方向，也就没有了动力和压力，有点得过且过，只是为了尽力完成好本职工作。但在每个学校我都是做出了贡献的，学生、家长评价好的，我的班是学生、家长们希望进的！因为我一直记得："老师最主要的应该做好本职工作，要做领导、家长信任的老师，学生喜欢的好老师。而我们是否是个好老师是由家长、学生决定的。"

这路依稀可见

2011 年，我考进了我现在的学校——兴宁市华侨中学。后来现任校长练祥芳校长出现了。他推课堂改革、推学生自主管理，最主要的是他的气魄和胆识激起了我的上进心。我开始努力学习高效课堂改革。2017 年，梅州市进行现场教学比赛，我报名参赛，先在学校出线，后获得兴宁市一等奖，然后作为兴宁的唯一代表选手参赛获得梅州市一等奖，优课晒课、录像课评比获得兴宁市一等奖；先后获得了兴宁市、梅州市优秀班主任等称号；2018 年，获得了从教生涯中最高的荣誉"南粤优秀教师"；2019 年我校有五个副高职称名额，我以总分第二赢得了这次职称评定；2020 年兴宁市教研员温佛君老师打造了梅州市第一个初中语文名师工作室，经过筛选我幸运成为工作室成员，开始了专业化的学习，开始更深入地了解到余映潮老师的理论并初次知道王君老师。工作室主持人指导我们学习了余映潮老师的"板块式思路"、评课、上课主张、诗意手法等。工作后，我就一直喜欢余老师的上课风格，这还是第一次如此系统地学到他的理论。我把余老师的教学主张类的书都买了下来。第一次觉得教学主张的理论书也是甜的，奢求能有时间静静地多读本好书。我想早点得到指点也许我会少走弯路吧。在工作室联合研修时，我为全市上了《望岳》一课的公开课，获得了一致好评，其中有个名叫海环的名师高度评价说："上好课是要天赋的，不是每一个人都能达到这样的，管老师有这个天赋！"他不经意的一句话却让我当时很震撼，也许教书是要灵性和悟性的，但我更相信勤能补拙！工作室每次研修都要写总结、写心得体会。以前懒得去写，但在工作室的驱使下，我觉得我最大的成就是开始喜欢写写了。

渐渐地，我也取得了可喜成绩。2020 年 6 月我获得了兴宁市骨干教师和学科带头人荣誉；2020 年获得广东省"家校结合"优秀典型案例奖，我主持的省劳动教育课题成功立项；2021 年获得梅州市论文评比、下水作文评比一等奖；疫情期间为全市开展的线上公开课获得好评；2020 年 3 月，我参与编著的第一部作品《微课在教学中的应用》顺利出版。感恩我的校长和温佛君老师，他俩是我教师成长路上的第一引路人。

路在脚下，这追求不已

但随着岁月匆匆，我感觉目前的学习不能满足我的需求，我不能冲破瓶颈。我想走得更远。我也怕自己懒下来，我也希望有人推着我前进。我的想法得到了校长和教研员兼主持人佛君老师的大力支持。因此，我又开始疯狂求师。我在想我该追随王君老师还是余映潮老师呢？

开始关注王君老师是关于群诗阅读，关于她的青春语文，关于她的湿地，关于她的打通教法与活法，关于她的"聚焦意识"……最让我激动、震撼的是王君老师的《广马，是爱与被爱的疯狂》。我被深深地吸引了，我知道她就是我要寻找的人。她的生活方式正是我追求的，她的情怀正是我所向往的，她的大爱无私正是我所需要的。我还激情挥笔写下了《她是值得"回味"的女人》。

我开始了"众里寻她千百度"的修行，我在百度上搜了 N 次，希望有她的电话号码出现，我可以联系上她。去汕头中考研会时，余映潮老师弟子不经意间谈到王君老师。讲座完时，我逮住他，缠着他问王君老师的联系方式，他说他没有。我没很多人那么幸运，能遇见君师或被君师发现并纳为弟子，我只能自己找。那时，没找到君师，我看到省名师工作室的招人通告，爱学习的我果断报名了。我一直以为君师是在首都那边，是在遥远的地方的，我根本不知道师傅就在东莞清澜山，疫情发生前还曾到过那边的碧桂园，说不定我还与她擦肩而过呢！为了联系上师傅，我在网上得到师傅暑假到贵阳开班培训教师的消息，我决定千里寻师到贵阳去，可是因疫情，我们广东的不可参加。寻师梦又一次破灭……后来通过工作人员，加入了湿地二群，再后来工作人员发给我工作室的要求，并要求看我的简历和一篇原创论文，最后成功进入青春名师工作室群进行试用几个月的实习期。

“不是一家人，不进一家门”，群里的人都是有梦想、有情怀、有温度、有追求的人！我也感觉君师和尹东先生对人才的不同要求，容许百家争鸣，鼓励特长发挥，鼓励自生长、众生长。他们夫妇也在托举工作室成员并为工作室成员搭建平台。我开始思索我的长处是什么，我该如何发挥自己的长处？这个问题从此在我大脑中盘旋，挥之不去。我长期担任初三教学兼班主任，应该说我的特长主要在备考、班主任工作和作文教学研究方面……

我越来越明晰自己的追求是什么，越来越明晰以后的路要怎么走。后来，经过遴选我也进了广东省夏峥嵘名师工作室。我要继续努力，爱我所爱，才会无怨无悔。所有的学习和努力甚至经历都不会辜负岁月，它们成就了我丰富的生活视野，自然能把语文这条通向生活的河流，扩展得更加壮阔。

正如一位名师说的：“教育是一场修行，度己度人，达已达人。”我追求不已！

（本文是作者在“语文湿地”公众号为全国语文老师分享的专业成长故事）

后记

“记得高一的那一天，父亲到学校找我，告诉我他脖子上长的疙瘩是瘤，要去广州看病。父亲离开时回头望着我，眼神里充满着关切和不舍，脖子上的瘤随着回头膨胀伸缩着，脸上的表情暗含着疼痛。父亲的背影渐渐远去，但他的肩膀依旧宽大，他的腰依旧圆润，他的背依旧挺拔，只是走路有点慢，没了以往的神气……父亲就这样一步一回头地走着，直到背影消失在我的视线里。我没想到，这竟是父亲最后的背影，从此父亲再也没有回来了。”这是教朱自清《背影》时，我为学生写的片段式“下水文”——《父亲的背影》。

父亲因那个年代的“身份”没读多少书，但父亲写得一手好字，还善讲，会吹一口好笛。我想我现在喜欢写点文字也许是遗传于父亲吧。父亲让我懂得了我们天生会写作，所以我从不放过开始不会写作的学生。父亲在我记忆中似已模糊，而我记忆最深刻的还是这个背影。带着这背影，父亲永远地离开了我们，留下母亲拉扯我们四姊妹长大。

“树欲静而风不止，子欲养而亲不待”，后来母亲的离去，让我真正理解了贾平凹的《写给母亲》，我始终不敢写有关母亲的一切。我好长一段时间都活在泪水中。直到今年指导学生写“彩线串珠式”结构时，我写了篇“搭桥式下水文”《从此，我不再有那双眼睛》，其中最后一段是：“原来你已在隔天的晚上永远闭上了那双由明亮变模糊的眼睛。从此，我不再有那双眼睛。我抱着你一辈子操劳的身躯，握着你劳作了半个世纪的冰冷的手哭得死去活来。我问自己，上哪找你？唯有借着这些冥币，让它们为我造一双‘心眼’，寄托我的深情，问候天堂的你……”我是村里的第一个女大学生，我能有今天，是母亲不重男轻女，从不放弃对我的培养。我今天如此热爱我的工作，热爱我的学生，热爱我的语文课，一定是受到母亲的勤劳善良、坚强执着的影响吧。

他，高高的个儿，瘦瘦的身躯，长长的睫毛下藏着深陷的大眼睛，高高的鼻梁上架着一副眼镜，显得那么斯文，而又那么深不可测，他是我的先生，我常笑他还像一个高中生。他的到来改变了我的生活，从此我的日子充满了温暖和阳光，我变得活跃和开朗。遇不快之事他会开导我，我喜欢做的事他总会支持并帮助我。就像我现在喜欢写写，虽不一定写得好，不一定公开，他总不会干扰或阻止我；就像我喜欢运动，喜欢学习，很多时候只由他来照顾孩子，很多时候家务活也就他一个人包了；我长期做毕业班班主任，常早出晚归，他总是做好饭菜，静静地等我回来，然后欢天喜地一起吃饭。我能快乐地工作、学习、生活，离不开他默默地付出。

我有幸参加了市工作室和省工作室的学习，幸运地成为王君青春语文名师工作室成员……我自认为自己学历低，起步晚，在一次次学习探索中觉醒，总有时不我待的惶恐。可总是一次一次遇见美好，让我一次一次获得新的力量。

“专业提升无捷径可走。需要多学习，多思考；多实践，多反思。需要教师个人强烈的提升愿望和百折不挠的精神！”这是我的第一个导师梅州市名师工作室主持人兼教研员温佛君老师对我们说的话，他让我感觉回到了学生时代。他经常像教师批改学生作文一样认真批改我们的文章。每次研修时，他总是耐心地引导我们钻研专业知识，悉心地传授我们教学经验，细心地批改我们的稿子。他是我专业成长的引路人，我的恩师。想起他，我肃然起敬。

我想起了王君老师，她时而像个调皮爱笑的孩子，时而像个含情脉脉的少女，时而像个豪气冲天的男神，时而像个威严的长者……她引领我们热爱运动，热气腾腾地生活；引领我们爱自己、爱亲人、爱学生、爱同事、爱领导、爱家、爱国。她永远是充满青春活力的，她的人、她的课、她的思想、她的胸襟、她的情怀总能牵动着我及千千万万的语文人。

“上了路就天天走，总会遇见隆重的盛典！”夏峥嵘老师亲切的面容如她这句话常徘徊在我脑海。

“一个人应该做自己觉得有价值的事，做对自己成长有益的事。任何年龄，努力成长是首要任务，这是最爱自己的方式。”孔维波教授这意味深长的话激励着我整理出了这本书稿。

我又想起了我的校长练祥芳，他的涵养、他的才华、他的胆识总能引领我们前进。他给人的印象永远是精神饱满、风华正茂的，他总是能想出让人预想不到的办学点子，让我们佩服不已；他总是让我们忙于奋进，而又不动声色；他总能尽力去满足老师们的愿望，而又从不需要言谢。

2020 年春节，那是一段不寻常的日子，我看到了著名德育专家余国良的讲座课件，一下子被吸引住了。在疫情期间，他通过网络给全国学生作生命教育讲座，给老师们作德育讲座……现在他也不断到各省市讲学、培训教师。原来，退休后还可以这样干，职业生涯可腾挪到更多需要的地方。我被震撼了，我认识到我的专业生涯还可继续往下走的，从此我不敢有“躺平”的念头。

…………

这些都是帮助我给予我爱和关心的人。在此，我表示深深的感谢！

不知不觉中，我已把教育科研当作一种生活方式。正如青春语文掌门人王君老师所说："东方的人生像向日葵一样，一直朝着太阳转，一直朝着光明走。哪里有花香，哪里有热量，她就义无反顾地去追求。东方不仅一直活得有方向，而且有勇气为自己找方向，这是了不起的自我塑造精神，自我建设的力量。"

山还是那座山，河还是那条河，日子就这样过着，平凡却不平淡。一切都好像没有变，唯一变化的是我日益衰老的容颜，与之沉淀的，是我依旧年轻不变的教育情怀！我吟起了那首歌："没有花香，没有树高，我是一棵无人知道的小草！从不寂寞 ，从不烦恼，你看我的伙伴遍及天涯海角，春风啊春风，你把我吹绿，阳光啊阳光，你把我照耀，河流啊山川，你哺育了我，大地啊母亲把我紧紧拥抱。"

借时代之风，借国富民强，被时代赋能，我要反哺时代，我将更富激情，更有情怀，我要更热爱生活，热爱工作，热爱语文。我要位卑未敢忘忧国，做到一片冰心在玉壶。

在过去的二十四年里，我是老师，也是学生，在摸索中思考，在思考中进步，在进步中总结。在总结中，实现自己初中语文教学甚至是职业生涯的一个又一个突破。这一切，就如徐志摩诗云："向青草更青处漫溯。"感谢您能阅读这本书！也希望您从此走向科研之路！